Die große Pest in London.

Tagebuch eines Geistlichen während der
Cholerapest zu Saratow.

Die große Pest in London.

Übersetzt
von

Theodor Roth.

———◆———

Mit einem Anhang:

Tagebuch eines Geistlichen während der
Cholerapest zu Saratow.

Impressum:
© 2020 Conrad Thiess (Hrsg. u. Bearb.)
Herstellung und Verlag: BoD – Books on Demand, Norderstedt.
ISBN: 978-3-75190-439-1

Die große Pest in London.

EINE der überraschendsten Tatsachen, welche uns die Geschichte bietet, ist die in unregelmäßigen Zwischenräumen sich zeigende Wiederkehr ansteckender Krankheiten von außergewöhnlichem Charakter, welche unerwartet an einzelnen Orten ausbrachen und sich bisweilen über gewisse abgegrenzte Distrikte, bisweilen über ganze Länder, bisweilen über die ganze zivilisierte Welt, ja es möchte scheinen bisweilen über die ganze Oberfläche unseres Planeten verbreiteten, überall der Kraft und Geschicklichkeit des Menschen trotzten und Myriaden zu Grabe gebracht haben. Diese schrecklichen Heimsuchungen haben die Menschen mit dem zugleich unbestimmten und passenden Namen *Pestilenz* oder *Pest* belegt und bedienen sich dieses Ausdruckes besonders in Fällen, wo menschliche Wesen das Opfer werden, wogegen man ähnliche Fälle von ungewöhnlicher Sterblichkeit unter den niedrigeren Geschöpfen mit dem Namen *Seuche* bezeichnet.

Von einer allgemeinen Pestilenz ist das bekannteste Beispiel neuerer Zeit die berühmte Pest, oder der sogenannte *Schwarze Tod* in den Jahren 1347-52; derselbe nahm in Asien seinen Anfang, verbreitete sich westlich nach Europa und wütete hier viele Monate hindurch auf furchtbare Weise. Den ausführlichsten Bericht, welchen wir über diese Pest besitzen, gibt der berühmte italienische Schriftsteller Boccaccio in der Einleitung zu seinem *Dekameron,* wo wir eine lebendige Schilderung von deren Verheerungen in der Stadt Florenz finden. Von allen anderen Erzählungen einer bekannten Pest sind die beiden berühmtesten diejenigen, welche uns Thukydides von der Pest zu Athen im Jahre 430 vor Christi Geburt gibt, und diejenige der großen Pest von London in den Jahren 1664-65 durch Daniel Defoe. Hinsichtlich der Wahrheit und Genauigkeit kann keine andere Schilderung ähnlicher Art mit diesen beiden Berichten verglichen werden, die, obwohl sie in einem Zwischenraum von 2.000 Jahren, die eine von einem alten Griechen, die andere von einem Engländer unter der Regierung der Königin Anna geschrieben wurden, sich doch in vielen Punkten gleichen. Indessen besteht zwischen diesen beiden Berichten der Unterschied, daß, während Thukydides Augen- und Ohrenzeuge von dem war, was es schreibt, und selbst an der Pest darniederlag, Defoe den seinigen 50 Jahre nach dem Unglück verfaßte, welches er schildert, und noch ein Kind zu der Zeit war, wo die Pest wütete. Doch geht aus allem augenscheinlich hervor, daß Defoe sich bemühte, seinen Bericht dadurch zu einem authentischen zu machen, daß er Anekdoten und möglichst genaue Einzelheiten von Bekannten sammelte, welche die Pest überlebt hatten, sowie alle öffentlichen und Kirchspielberichte und gedruckte Flugschriften durchging, welche von Ärzten und anderen über das Pestjahr geschrieben worden waren. Wir können somit seine Beschreibung, was sie auch ausspricht, mit vollkommenem Vertrauen als diejenige eines Augenzeugen betrachten, der aus eigener Erinnerung schreibt. In der folgenden Abhandlung bieten wir daher unseren Lesern einen Auszug aus Defoes *Journal des Pestjahrs zu London*; wir halten das ganze Wesen dieser unnachahmlichen Schilderung fest und verweben im Verlauf unserer Beschreibung damit nur weitere Details, welche wir anderen Quellen entnommen haben.

Ausbruch der Pest in London.

ZU Anfang des 17. Jahrhunderts wurde London zu wieder-
holtenmalen, wenn nicht beinahe jährlich von der Pest
heimgesucht, wobei die im allgemeinen engen Straßen und der
gänzliche Mangel geeigneter Anordnungen zu Erhaltung der Gesundheit stets mehr oder weniger mitwirkten. So gewöhnlich diese
Heimsuchungen waren, brachten sie doch immer einen gewissen
Grad von Unruhe hervor; und als man daher im Monat September
1664 erfuhr, daß die Pest sich in der Hauptstadt gezeigt habe, war
eine gewisse Aufregung in der öffentlichen Meinung nicht zu
verkennen. Gleichwohl scheint wenig zu Abwendung des ansteckenden Übels getan worden zu sein, und man kann sagen, daß
bis zu dem nächsten Frühjahr keine entschiedenen Mittel zu ihrer
Unterdrückung ergriffen waren.

Im März 1665 nahm endlich der Stand der Dinge eine beun-
ruhigendere Wendung; es war außer Zweifel, daß in St. Giles und
in den umliegenden Kirchspielen mehrere Personen an der Pest
gestorben waren. Im Mai wurde die Witterung warm und ver-
schlimmerte so das Übel; und „im Juni", fährt Defoe fort, „nahm
die Ansteckung auf eine fürchterliche Weise überhand. Ich wohnte
außerhalb Aldgate, etwa in der Mitte zwischen Oldgate Church
und Whitechapel Bars, auf der linken oder nördlichen Seite der
Straße, und da die Krankheit diesen Stadtteil noch nicht erreicht
hatte, so blieb unsere Nachbarschaft fortwährend ruhig. Am
anderen Ende der Stadt war dagegen die Bestürzung sehr groß;
und der reichere Teil der Bevölkerung, besonders der Adel und die
Vornehmen, aus dem westlichen Teil der City drängte mit Familie
und Dienerschaft auf eine ungewöhnliche Weise aus der Stadt;
besonders auffallend sah man dies in Whitechapel, das heißt in der
breiten Straße, in welcher ich wohnte. In der Tat sah man nichts
als Wagen und Karren mit Hausgerät, Frauen, Dienerschaft, Kindern usw., Kutschen mit Leuten aus höheren Ständen und Reiter,

welche sie begleiteten; alles eilte fort. Dieser Zug dauerte mehrere Wochen, und zwar um so anhaltender, da das Gerücht ging, es werde von der Regierung ein Befehl erlassen werden, nach welchem Schlagbäume und Barrieren auf der Landstraße angebracht werden, um das Wegziehen der Leute zu verhindern, sowie daß die Städte an der Landstraße den Durchzug der aus London Kommenden nicht dulden wollten, aus Furcht, dieselben möchten die Ansteckung mitbringen, obwohl diese Gerüchte, besonders im Anfang nur in der Einbildung ihren Grund hatten."

Diese Berichte Defoes von der schnellen Verbreitung der Pest und der dadurch veranlaßten Beunruhigung werden von anderen Berichten bestätigt. So erfahren wir, daß am 13. Mai zu Whitehall ein Geheimrat wegen der Ansteckung gehalten und eine Versammlung der Lords bestimmt wurde, um die Mittel zu besprechen, welche deren weiterem Fortschreiten Einhalt tun sollten. Unter den Auspizien dieser Versammlung gab das Kollegium der Ärzte eine kleine Flugschrift aus, welche Anweisungen zu Heilung der Pest, sowie Mittel enthielt, um sich gegen die Ansteckung zu schützen. Einer der Artikel dieses kostbaren medizinischen Gesetzbuches ist amüsant. Er lautet, wie folgt: „Man reiße die Federn aus den Schwänzen lebendiger Hähne, Hennen, Tauben oder Küken, nehme sie an dem Schnabel, halte sie so fest auf die Beule oder Geschwulst und lasse sie dort so lange, bis sie sterben und dadurch das Gift ausziehen. Es ist auch gut, wenn man ein Schröpfglas oder glühende Asche auf einem Teller anwendet, unter welche letztere man eine Hand voll Sauerampfer mischt."

Ein Auszug aus *Pepys' Tagebuch*, das eines Sattlers, welches Defoe vorzugsweise benützte, wird einen Begriff von der Aufregung geben, welche zu der Zeit in London herrschte, als die Pest zu wüten anfing: „Der 7. Juni war der heißeste Tag, den ich je erlebte. An diesem Tag sah ich ganz gegen meinen Willen in Drury Lane zwei oder drei Häuser mit roten Kreuzen über den Türen und der Aufschrift: *Gott sei uns gnädig!*; ein trauriger Anblick für mich." Am 17. desselben Monats schreibt Pepys weiter: „Diesen Nachmittag fuhr ich in einer Mietkutsche aus dem Haus des Lord Schatzmeisters Holborn hinab und sah, wie der Kutscher immer langsamer fuhr, bis er endlich anhielt, herabstieg, jedoch nur mit Mühe stehen konnte und mir sagte, er fühle sich plötzlich sehr krank und beinahe blind; er könne nicht sehen; ich stieg aus und setzte mich mit bekümmertem Herzen in eine andere Kutsche, sowohl wegen meiner selbst, wie auch wegen des armen Mannes, der von der Pest befallen schien."

Wir nehmen Defoes, oder vielmehr Pepys' Bericht wieder auf: „Ich fing jetzt an", sagt er, „ernstlich über meinen Fall, sowie darüber nachzudenken, was ich tun, das heißt, ob ich in London bleiben oder mein Haus abschließen und fliehen solle, wie es viele meiner Nachbarn getan hatten. Nach langem, ängstlichen Über-legen, wobei ich mich bald für die eine, bald für die andere Hand-lungsweise entschied, kam ich zu dem Schluß, daß es im ganzen meine Pflicht und mir bei meinem Gewerbe als Sattler nützlich sei, in der Stadt zu bleiben und mich ganz auf die Güte und den Schutz des Allmächtigen zu verlassen, obwohl ich ein unverheirateter Mann war und für Haus und Laden, die mit Waren angefüllt waren, zu sorgen hatte. Ich hatte indessen einen älteren Bruder, welcher verheiratet war und mit Frau und Kindern die Stadt verließ. Im Monat Juli ging ich, während unser Stadtteil in Vergleich mit dem westlichen verschont schien, gewöhnlich über die Straßen, wie es mein Geschäft erforderte, und kam in der Regel einmal täglich oder in zwei Tagen in die City und nach dem Haus meines Bruders, dessen Beaufsichtigung er mir übergeben hatte. Allein auch die City wurde von der Krankheit heimgesucht und während des ganzen Monats Juli flohen die Leute. Im August flüchteten sie sich in noch weit größerer Anzahl, so daß mir der Gedanke kam, außer obrigkeitlichen Personen und Dienern werde niemand in der City bleiben."

„Meine Geschäfte führten mich bisweilen nach dem anderen Ende der Stadt, selbst zu einer Zeit, wo die Krankheit hauptsächlich dort ihren Sitz hatte; und da, wie jedermann, so auch mir die Sache neu war, so sah man mit Überraschung die sonst so gedrängt vollen Straßen jetzt ganz leer. Als ich eines Tages in Geschäften in diesem Stadtteil war, so beobachtete ich aus Neugierde außergewöhnliche Dinge und machte in der Tat einen weiten Weg, wo ich nichts zu tun hatte; ich ging Holborn hinauf, und es war die Straße hier voll von Menschen, allein alle gingen nicht zu beiden Seiten, sondern in der Mitte der großen Straße, weil sie, wie ich vermute, mit niemandem, der aus den Häusern kam, zusammentreffen und ansteckenden Ausdünstungen ausweichen wollten. Die Rechtskollegien waren alle verschlossen, und man sah nicht sehr viele Advokaten in dem Temple, Lincoln's Inn, oder Gray's Inn. Ganze Häuserreihen waren an manchen Orten geschlossen; die Bewohner hatten sich geflüchtet, und nur einige Wächter waren zurückgeblieben."

„Man darf hier nicht zu bemerken vergessen, daß die City und die Vorstädte zur Zeit dieser Krankheit außerordentlich bevölkert waren, zu der Zeit nämlich, wo sich dieselbe zu zeigen anfing. London zählte nach einer angestellten Berechnung damals über 100.000 Menschen mehr als je zuvor; die Freude über die Restauration[1] hatte eine große Menge von Familien dahin gebracht."

„Die Befürchtungen der Leute wurden durch die irrigen Ansichten jener Zeit außerordentlich vergrößert, wo nach meiner Ansicht, aus welchem Grund kann ich mir nicht denken, die Menschen mehr an Prophezeiungen und astrologische Beschwörungen, Träume und Weibermärchen glaubten, als dies je früher oder später der Fall war. Die Leute sahen *Lily's Almanach* und andere derartige aufregende Werke, welche beinahe alle den Untergang der Stadt prophezeiten. Viele, welche aus dieser oder einer anderen

---

[1] Die Wiedereinsetzung der Monarchie (1660) nach dem Tode Oliver Cromwells und der Abdankung dessen Sohnes Richard.

Ursache wahnsinnig geworden waren, rannten in den Straßen auf und ab und weissagten alle Arten von Greueln. Das Wahrsagergewerbe wurde so offen und so allgemein betrieben, daß Aushängeschilde und Aufschriften über den Türen etwas ganz Gewöhnliches waren: *Hier wohnt ein Wahrsager, Hier wohnt ein Astrologe,* usw. Gewiß ist, daß eine unzählige Menge aus der dienenden Klasse sich jeden Tag an deren Türen versammelte; und wenn sich nur ein Mann mit wichtiger Miene, in einer Samtjacke, mit einer Binde und schwarzem Mantel, wie sich diese Marktschreier gewöhnlich trugen, in den Straßen sehen ließ, so liefen ihm die Leute in Menge nach und stellten Fragen an ihn, während er weiter ging."

„So fröhlich und üppig es damals an dem Hofe zuging, so fing man doch auch dort an, gerechte Besorgnisse wegen der allgemeinen Gefahr zu hegen; alle Schauspiele und Unterhaltungen, welche nach Sitte des französischen Hofes eingeführt worden waren und bei uns sehr um sich griffen, wurden verboten; Spieltische, öffentliche Tanzböden und Konzerthäuser, deren Zahl sehr zunahm und die Sitten des Volkes zu verderben anfingen, wurden geschlossen und eingestellt; Hanswurste, Marionettenspieler, Seiltänzer und derartige Lustbarkeiten schlossen ihre Buden, da sie in der Tat ihre Rechnung nicht fanden, denn in dem Kopf der Leute gingen ganz andere Dinge herum, und eine Art von Kummer und Schrecken über diese Vorgänge hatte sich selbst auf den Gesichtern der niederen Klassen gelagert; sie hatten den Tod vor Augen; jedermann dachte an sein Grab und nicht an Lustigkeiten und Zerstreuungen."

„Unglaublich und kaum denkbar ist es auf der anderen Seite, wie die Pfosten der Häuser und die Straßenecken mit Aushängezetteln von Doktoren und Anpreisungen von unwissenden, in die Heilkunde pfuschenden Menschen ganz überklebt waren, auf welchen die Leute eingeladen wurden, hier sich Heilmittel zu suchen. Gewöhnlich las man dort folgende prunkende Anzeigen: *Unfehlbare Schutzpillen gegen die Pest – Sichere Bewahrungsmittel vor der*

Ansteckung – Ganz vortreffliche Mittel gegen die Verschlechterung der Luft – Genaue Verhaltungsregeln für den Körper im Fall der Ansteckung; pestheilende Pillen – Unvergleichlicher, neuerfundener Trank gegen die Pest – Universalmittel gegen die Pest – Das einzig echte Pestwasser – Königliches Gegenmittel gegen alle Arten von Ansteckung – und derartige Marktschreiereien mehr, die ich nicht alle aufzählen kann und die, wollte ich sie niederschreiben, ein ganzes Buch füllen würden."

„Andere hingen Schilder aus, um die Leute in ihre Wohnungen zu locken, wo ihnen Anweisung und Beratung für den Fall der Ansteckung würde; diese hatten besondere Aufschriften, wie z. B.: *Ein ausgezeichneter deutscher Arzt, welcher neulich aus Holland kam, dort während der ganzen Zeit der großen Pest das vergangene Jahr in Amsterdam zubrachte und eine Menge Menschen heilte, welche wirklich von der Pest befallen waren. – Eine italienische Dame, welche soeben von Neapel ankommt und ein vorzügliches Geheimnis zu Verhütung der Ansteckung besitzt; dieses fand sie durch ihre große Erfahrung und machte damit wunderbare Kuren während der Zeit, in welcher zuletzt die Pest dort wütete und 10.000 Menschen in einem Tage hinwegraffte.*"

„Abgesehen von dem allem gab es aber noch eine weitere Tollheit. Diese bestand darin, daß die Leute Zaubermittel, Beschwörungsformeln, Amulette und ich weiß nicht was für Bewahrungsmittel trugen, um den Körper gegen die Pest zu schützen, als ob diese nicht in der Hand Gottes, sondern eine Art von Besessenheit von einem bösen Geist wäre; und diese sollte durch Kreuze, Zeichen aus dem Tierkreise, mit so und so vielen Knoten zusammengebundene Papiere abgehalten werden, worauf gewisse Worte oder Figuren standen; unter diesen zeichnete sich das gewaltige Wort *Abrakadabra* aus, dessen Buchstaben in ein Dreieck oder eine Pyramide geordnet waren." Kurz man griff nach allen Heilmitteln, welche Marktschreierei oder Unwissenheit an die Hand gaben; die Pest verbreitete sich mittlerweile weit und breit.

Die Pest nimmt zu – Vorsichtsmaßregeln, welche der Magistrat dagegen ergreift – Die Häuser werden geschlossen.

MIT dem Vorrücken des Sommers wurde auch die Sterblichkeit größer. So betrug in der mit dem 13. Juni 1665 endigenden Woche nach den Totenlisten die Zahl der Leichenbegängnisse 558, und von diesen kamen 112 auf die Pest; in der folgenden Woche wurden die infolge der Pest sich ereigneten Todesfälle auf 168 angegeben, in der mit dem 27. Juni endigenden Woche waren sie auf 267, und in der mit dem 4. Juli endigenden auf 470 gestiegen; und zu all dem ist noch die Zahl derer zu rechnen, welche wirklich an der Pest starben, deren Tod von den Verwandten aber anderen Ursachen zugeschrieben wurde.

Mit dem Anfang des Juli gaben der Lord-Mayor und die Magistratspersonen der Stadt London – deren Benehmen während der ganzen Zeit der Pest so edel und lobenswert war, als ein solches in einem äußersten Notfall von öffentlichen Beamten nur sein konnte – ihre Befehle hinsichtlich der in der Stadt zu treffenden Anordnungen. Durch diese Befehle wurden in jedem Kirchspiel Leute unter dem Titel *Examiners*[2] aufgestellt, welche Bürger von gutem Ruf sein mußten und deren Dienst zwei Monate währen sollte. Diese Examiners mußten „von den *Aldermen*[3] beeidigt sein, von Zeit zu Zeit nachzuforschen und auszukundschaften, welche Häuser in jedem Kirchspiel von der Pest heimgesucht, welche Personen krank seien und an welchem Übel sie darniederlägen, sowie auch möglichst genaue Nachrichten einzuziehen; bei einem in diesem Fall entstehenden Zweifel hatten sie Sperrung des Zuganges anzuordnen, bis die Art der Krankheit erwiesen war; fanden sie jemand von der Ansteckung ergriffen, so mußten sie dem Kon-

---

[2] Untersucher, Prüfer, Visitatoren.
[3] Beigeordneten.

stabler Befehl geben, daß das Haus geschlossen werde; sollte der Konstabler träge und nachlässig gefunden werden, so hatten sie dem Viertelsmeister hiervon Nachricht zu geben."

Außer diesen Examiners sollten „in jedem Kirchspiel Leichenschauerinnen von ehrbarem Ruf und aus der möglichst besten Klasse aufgestellt und beeidigt werden, so weit ihre Kenntnisse reichten, genaue Nachforschungen anzustellen und zuverlässigen Bericht zu erstatten, ob die Personen, deren Leichen sie zu untersuchen hatten, an der Pest oder an welcher anderen Krankheit gestorben seien. Keine Leichenschauerin durfte während der Zeit der Heimsuchung ein öffentliches Geschäft betreiben, einen Laden oder eine Bude halten, als Wäscherin oder sonst in Gemeinschaft arbeiten."

Auch Wundärzte sollten in jedem Kirchspiel aufgestellt werden. „Und da die besagten Wundärzte sich aller anderen Kuren zu enthalten und nur der Pest sich zu widmen haben, so wird befohlen, daß jeder der besagten Wundärzte für die Untersuchung eines jeden Körpers zwölf Pence erhalten solle, welche, wenn möglich, aus dem Vermögen des Betreffenden, wenn nicht, von dem Kirchspiel zu bezahlen sind."

Endlich sollten Pfleger und Wärter aufgestellt werden, welche die Kranken in ihren Häusern zu bedienen hatten, und Wächter, welche niemanden in die angesteckten Häuser oder aus denselben gehen lassen durften. Die Instruktion für die Wächter lautete wie folgt: „Bei jedem angesteckten Haus werden zwei Wächter bestellt, von denen der eine während des Tages, der andere während der Nacht den Dienst hat; bei schwerer Strafe haben diese Wächter ihr Hauptaugenmerk darauf zu richten, daß niemand in die angesteckten Häuser oder aus denselben geht, deren Bewachung ihnen anvertraut ist. Auch haben nach Bedürfnis des kranken Hauses die Wächter weitere Dienste zu leisten; wird der Wächter wegen eines Geschäftes verschickt, so hat er das Haus abzuschließen und den Schlüssel mit sich zu nehmen; derjenige, welcher bei Tag wacht, bleibt bis 10 Uhr abends, und derjenige welcher bei Nacht den Dienst hat, bis 6 Uhr morgens."

Die allgemein von den Hauseigentümern zu beobachtenden Regeln waren folgende: *„Verordnungen in Betreff der angesteckten Häuser und pestkranken Personen. Nachricht, welche von der Krankheit zu geben ist.* Der Besitzer eines jeden Hauses hat, sobald jemand in seinem Haus über Beulen, Entzündung oder Anschwellen irgendeines Körperteiles klagt, oder auf andere Weise ohne augenscheinliche Ursache eines anderen Übels krank wird, innerhalb zwei Stunden nach dem Erscheinen der besagten Anzeichen dem Gesundheitsvisitator hiervon Anzeige zu machen."

„Absonderung der Kranken. Sobald dieser Visitator, Wundarzt, jemanden an der Pest krank findet, so soll dieser noch in derselben Nacht in eben dem Haus abgesondert werden; für den Fall, daß er so abgesondert worden ist, soll, wenn er auch nicht stirbt, das Haus, worin er erkrankte, nach Anwendung der noch übrigen Vorsichtsmaßregeln noch einen Monat hindurch abgeschlossen werden."

„Lüften der Stoffe. Außer der Absonderung des Gerätes und der ansteckenden Stoffe müssen die Betten nebst Zugehör, sowie die Vorhänge in den Zimmern, in dem angesteckten Haus wohl durch Feuer und geeignetes Räucherwerk gelüftet werden, ehe sie wieder in Gebrauch kommen. Dies hat nach der Bestimmung des Visitators zu geschehen."

„Abschließen des Hauses. Wenn jemand einen Menschen besucht, welcher von der Pest angesteckt ist, oder absichtlich ein notorisch angestecktes Haus ohne Erlaubnis betritt, so soll das Haus, worin er wohnt, auf Anordnung des Visitators für eine gewisse Zahl von Tagen abgeschlossen werden."

„Niemand darf aus angesteckten Häusern gebracht werden. Niemand soll aus dem Haus, in welchem ihn die Krankheit befiel, nach einem anderen Haus in der Stadt gebracht werden (es wäre denn nach dem Pesthaus oder in irgendein solches Haus, welches der Besitzer behielt und durch seine eigenen Diener besetzte), und es soll in diesem Fall dem besagten Kirchspiel, nach welchem der Umzug geht, die nötige Sicherheit geleistet werden, so daß die Dienerschaft und die Aufsichtspersonen der besagten Angesteckten beobachtet und nach allen vorerwähnten einzelnen Bestimmungen behandelt werden, und zwar ohne Kosten für das Kirchspiel, nach welchem ein solcher Umzug geschieht; dieser Umzug soll bei Nacht bewerkstelligt werden, und jedem, welcher zwei Häuser besitzt, soll erlaubt sein, entweder seine gesunden oder seine angesteckten Leute nach Belieben in sein Reservehaus bringen zu lassen, so jedoch, daß, wenn er zuerst die Gesunden dahin schickt, er nicht später die Kranken dahin schicken, oder die Gesunden mit den Kranken vermischen darf; und derjenige, welchen er dahin sandte, soll wenigstens eine Woche lang eingeschlossen und von anderen ferngehalten werden, aus Furcht vor einer Ansteckung, welche sich nicht gleich am Anfang zeigte."

„Beerdigung der Toten. Das Begräbnis derjenigen, welche an dieser Krankheit starben, hat zu ganz geeigneten Stunden, stets vor Sonnenaufgang oder nach Sonnenuntergang, mit Vorwissen des Kirchenvorstehers und Konstablers und auf keine andere Weise, zu geschehen; keine Nachbarn oder Verwandte dürfen die Leute nach der Kirche begleiten oder das angesteckte Haus betreten, bei Gefahr, das eigene Haus schließen zu sehen oder gefangengesetzt zu werden. Während eines gemeinschaftlichen Gebetes oder einer Predigt darf kein an der Pest Verstorbener begraben werden oder in einer Kirche bleiben; zur Zeit des Begräbnisses einer Leiche dürfen keine Kinder in einer Kirche, auf einem Kirchhof oder Begräbnisplatz geduldet werden, und ebensowenig der Leiche, dem Sarg oder dem Grab nahekommen; alle Gräber müssen wenigstens sechs Fuß tief sein. Während der Dauer dieser Heimsuchung sind ferner alle öffentlichen Versammlungen bei anderen Begräbnissen zu unterlassen."

„Keine angesteckten Stoffe dürfen in Umlauf gebracht werden. Kleider, Stoffe, Bettücher dürfen nicht aus den angesteckten Häusern gebracht werden; den öffentlichen Ausrufern oder Herumträgern von zum Verkauf oder zum Versatz bestimmtem Bettzeug ist das Gewerbe gänzlich zu verbieten und niederzulegen; Trödler, welche Bettzeug und alte Bettücher führen, dürfen ihre Ware, bei Gefahr der Gefangensetzung, nicht öffentlich zur Schau stellen, vor ihre Buden, Ladentische oder Fenster hängen, welche auf eine Straße, Gasse oder Durchgang gehen. Verkauft ein Trödler oder sonst jemand Bettzeug, Bettücher oder sonstige Stoffe aus einem angesteckten Haus, ehe die Pest dasselbe zwei Monate verlassen, so soll sein Haus, als angesteckt, gleichfalls abgeschlossen werden und wenigstens zwei Monate in diesem Zustand verbleiben.“

„*Jedes von der Pest heimgesuchte Haus ist zu bezeichnen.* Jedes von der Pest heimgesuchte Haus ist mit einem roten Kreuz zu versehen, welches einen Fuß lang sein und in der Mitte der Tür, deutlich zu sehen, angebracht werden soll; hart über dem Kreuz sollen die Worte stehen: *Gott sei uns gnädig!* und dort bis zu der gesetzlichen Eröffnung ebendieses Hauses bleiben.“

„*Jedes von der Pest heimgesuchte Haus ist zu bewachen.* Die Konstabler haben darauf zu sehen, daß jedes Haus geschlossen und von Wächtern bedient werde, welche sich in demselben aufhalten und die Bewohner mit dem Nötigen auf deren eigene Kosten, wo möglich, auf öffentliche Kosten, wenn sie dieselben nicht tragen können, versehen sollen. Das Schließen soll auf den Zeitraum von vier Wochen ausgedehnt werden, nachdem alles vorüber ist. Es wird strenger Befehl gegeben, daß die Totenschauer, Wundärzte, Totengräber und Wächter nicht über die Straßen gehen, ohne einen roten, drei Fuß langen Stab offen und deutlich sichtbar in den Händen zu tragen; auch dürfen sie in kein anderes Haus gehen, als in ihr eigenes oder in dasjenige, wohin sie befehligt oder geschickt werden; jeden Verkehr aber haben sie zu vermeiden und sich dessen zu enthalten, besonders wenn sie kurz vorher zu derartigen Geschäften oder Wachen verwendet worden sind."

„*Hausgenossen.* Wo mehrere in einem und demselben Haus zusammen wohnen, darf, wenn jemand angesteckt worden ist, weder eine einzelne Person noch eine Familie eines solchen Hauses ohne ein Zeugnis von den Gesundheitsvisitatoren dieses Sprengels sich entfernen; in Ermangelung eines solchen soll das Haus, wohin sie sich begeben, abgeschlossen werden, wie im Fall der Ansteckung."

„*Mietkutschen.* Es ist Sorge zu treffen, daß Mietkutschen nicht, wie schon bemerkt worden, nachdem sie angesteckte Personen nach dem Pesthaus oder nach anderen Orten gebracht haben, wieder zum allgemeinen Gebrauch verwendet werden dürfen, ehe sie gehörig gelüftet worden und fünf bis sechs Tage nach derartigem Dienst unbenutzt stehengeblieben sind."

„Zu besserer Handhabung dieser Befehle, so wie ähnlicher, nach weiterem Gutdünken für nötig gefundener Regeln und Anweisungen, wurde angeordnet, daß die Aldermen, Deputierten und Ratsherren wöchentlich ein, zwei, dreimal und nach Umständen noch öfter an irgendeinem von der Pest freien Versammlungsort in den einzelnen Stadtvierteln zusammenkommen sollten, um zu beraten, wie die besagten Anordnungen ausgeführt werden können."

Diese Befehle dehnten sich natürlich nur auf den Teil von London aus, welchen man die *City* nennt, und der unter der Gerichtsbarkeit des Lord-Mayor und der Aldermen steht; übrigens wurden in den anderen Teilen der Hauptstadt ähnliche Vorsichtsmaßregeln von den Behörden in Vollzug gesetzt.

Von dem Tag der Veröffentlichung dieser Befehle an wurden alle Häuser, worin jemand an der Pest krank lag, abgeschlossen und bewacht. Wie schrecklich war es, wenn man die verlassenen Straßen entlang ging und immer nach einigen Schritten wieder eine gesperrte Tür mit großem roten Kreuz und den darüber stehenden Schreckensworten sah: *Gott sei uns gnädig!* Um jedoch einen Begriff von diesem furchtbaren Zustand zu bekommen, müssen wir zu Defoe zurückkehren. „Das Abschließen der Häuser", sagt er, „wurde im Anfang für eine sehr grausame und unchristliche Maßregel angesehen, und die auf diese Weise beschränkten Leute beklagten sich bitter; wegen der Strenge der Maßregel wurden von Häusern, welche grundlos oder aus böser Absicht geschlossen worden, täglich Klagen an den Lord-Mayor gebracht. Ich erfuhr, daß viele, welche so laut klagten, in einem Zustand gefunden wurden, welcher eine Fortsetzung der Maßregel nötig machte; andere dagegen wurden nach vorgenommener Besichtigung der Kranken von der Abschließung frei, wenn die Krankheit nicht pestartig schien, oder wenn sie zufrieden waren, daß man sie, im Fall dieselbe sich noch nicht bestimmt ausgesprochen hatte, nach dem Pesthaus brachte."

Die Vorsichtsmaßregeln, welche man ergriffen hatte, um die Angesteckten in ihren Häusern zu halten, erwiesen sich dennoch in vielen Fällen als mangelhaft, denn diese verließen dieselben unter Beihilfe ihrer Nachbarn durch rückwärts von den Wohnungen gelegene Gärten und Hofräume. Viele, welche auf diese Weise entkommen waren, sahen sich in dem fürchterlichsten Elend, und kamen aus bloßem Mangel auf den Straßen oder auf dem Feld um, oder erlagen der wütenden Heftigkeit des in ihnen tobenden Fiebers. Andere wanderten auf das Land und gingen jeden Weg, welchen sie die Verzweiflung führte, ohne zu wissen, wohin sie gingen oder gehen wollten, bis sie, schwach und müde, ohne alle Hilfe – da die an der Straße gelegenen Häuser und Dörfer ihnen, sie mochten angesteckt sein oder nicht, die Aufnahme versagten – auf der Straße umkamen, oder in Scheunen gingen und dort starben, da niemand wagte, sich ihnen zu nahen oder ihnen Hilfe zu leisten, obwohl sie vielleicht nicht angesteckt waren, denn niemand wollte ihnen glauben.

„Kehren wir jedoch zu Familien zurück, welche angesteckt und in ihre Häuser eingeschlossen waren. Das Elend dieser Familien ist nicht zu beschreiben, und gewöhnlich hörte man in solchen

Häusern entsetzliches Schreien und Ausrufungen der armen Leute, welche durch den Anblick der Lage ihrer teuersten Verwandten und das Fürchterliche ihrer eigenen Gefangenschaft zu Tode geängstigt wurden."

„Was mich betrifft, so ging ich im Anfang ohne Rückhalt durch die Straßen, obwohl nicht so sehr, daß ich mich in augenscheinliche Gefahr begab, außer wo man die große Grube auf dem Kirchhof unseres Kirchspieles Aldgate grub. Es war eine schreckliche Öffnung, und ich konnte meiner Neugierde nicht widerstehen, hinzugehen und dieselbe zu sehen. So viel ich beurteilen kann, war sie etwa 40 Fuß lang, 15 bis 16 Fuß breit, und zu der Zeit, wo ich sie zum erstenmal sah, ungefähr neun Fuß tief; später soll sie jedoch zu einem Teil 20 Fuß tief gegraben worden sein, bis man wegen des Wassers nicht mehr weitergehen konnte, denn es scheinen vorher mehrere große Gruben gemacht worden zu sein; und obwohl die Pest unserem Kirchspiel lange drohte, so war, als sie einmal kam, doch in oder um London kein Sprengel, wo sie mit solcher Heftigkeit wütete, wie in den beiden Kirchspielen Aldgate und Whitechapel."

„Man hatte, wie gesagt, mehrere Gruben an einer anderen Stelle gegraben, als die Krankheit in unserem Kirchspiel um sich zu greifen anfing, und als die Totenkarren herumfuhren, was in unserem Sprengel erst mit dem Anfang August stattfand. In diese Gruben hatte man vielleicht je 50 bis 60 Leichen geworfen; sodann machte man größere Löcher, worein man alle begrub, welche der Wagen in einer Woche brachte, und deren Zahl belief sich von Mitte bis Ende August auf 2-400 wöchentlich; man konnte sie nicht wohl größer graben, weil nach einem Befehl des Magistrates die Leichen der Oberfläche nicht näher als sechs Fuß kommen durften; und da auf 17 bis 18 Fuß sich Wasser zeigte, so konnte man nicht wohl mehr in eine Grube werfen; jetzt aber, im Anfang des September – die Pest wütete auf eine fürchterliche Weise, und die Zahl der Begräbnisse in unserem Kirchspiel war so groß, daß diese in keinem Kirchspiel um London von nicht größerer Ausdehnung so hoch stieg – ließ man diesen fürchterlichen Abgrund graben, denn diesen Namen verdiente er eher, als Grube."

„Man hatte geglaubt, derselbe werde, wenn er einmal fertig sei, für einen Monat oder noch länger reichen; und manche tadelten den Kirchenvorsteher, weil er etwas so Fürchterliches dulde, und sagten, man mache Anstalt, das ganze Kirchspiel zu begraben u. dgl. Allein die Zeit lehrte, daß die Kirchenvorsteher den Zustand des Kirchspieles besser kannten; denn nachdem die Grube am 4. September fertig war, so fingen sie, glaube ich, am 6. an, in dieselbe zu begraben, und am 20., gerade nach zwei Wochen, mußte man, nachdem 1.114 Leichen hineingeworfen waren, dieselbe schließen, da die Leichen bis auf sechs Fuß Entfernung von der Oberfläche angewachsen waren. Ohne Zweifel werden noch einige alte Leute in dem Kirchspiel leben, welche die Wahrheit dieser Tatsache bestätigen, und noch besser, als ich, zeigen können, an welcher Stelle des Kirchhofes sich die Grube befand. Ihr Zeichen konnte man auf dem Kirchhof noch viele Jahre hindurch auf der Oberfläche sehen, denn sie lag der Länge nach parallel mit dem Weg, welcher an der westlichen Mauer des Kirchhofes hinläuft, sich wieder östlich gegen Whitechapel wendet und bei Three-Nuns-Inn herausführt."

„Etwa am 16. September trieb mich die Neugierde wieder, hinzugehen und die Grube zu sehen, in welcher nunmehr nahezu 400 Menschen begraben lagen; ich war jedoch nicht damit zufrieden, daß ich sie, wie früher, bei Tage sah, denn um diese Zeit war nichts zu sehen, als die lockere Erde, da alle Leichen, welche man hineinwarf, augenblicklich von den sogenannten Totengräbern, welche man zu anderen Zeiten Träger nannte, mit Erde zugedeckt wurden, sondern ich faßte den Entschluß, bei Nacht dahin zu gehen und zu sehen, wie man die Leichen hineinwarf."

„Es bestand der bestimmte Befehl, man solle die Leute diesen Gruben nicht zu nahe kommen lassen, und es hatte derselbe nur den Zweck, die Ansteckung zu verhüten; nach Verfluß von einiger Zeit mußte jedoch dieser Befehl erneuert werden, da angesteckte Personen, welche ihrem Ende nahe und im Fieberwahnsinn waren, oft in Bettdecken gehüllt, nach diesen Gruben rannten und sich hineinstürzten, um sich, wie sie sagten, selbst zu begraben. Ich kann nicht sagen, ob die Beamten es zugaben, daß jemand freiwillig hier liegen bleibe; gehört habe ich aber, daß nach einer großen Grube in Finsbury, in dem Kirchspiel Cripplegate, viele kamen, sich in dieselbe stürzten und dort ihr Leben aushauchten, ehe man Erde auf sie warf, und daß, als man andere begraben wollte und sie hier fand, sie zwar gänzlich tot, aber noch nicht kalt waren."

„Es mag das Vorstehende einigermaßen dazu dienen, den schrecklichen Zustand jener Zeit zu schildern, obwohl man unmöglich etwas sagen kann, das imstande wäre, denen einen wahren Begriff davon zu geben, welche nicht Augenzeugen waren, außer daß es zu schrecklich war, als daß es eine Zunge aussprechen könnte."

„Ich erhielt Zutritt in den Kirchhof, weil ich mit dem dort aufgestellten Totengräber bekannt war, der, obwohl er mir gefällig war, mir doch zuredete, nicht dahin zu gehen, und mir, als sehr religiöser und gefühlvoller Mann, ernsthaft sagte, sein Amt und seine Pflicht sei es, das Leben zu wagen und sich allen Gefahren auszusetzen, wobei er auf Bewahrung vor dem Schrecklichen hoffen dürfe; mich aber rufe offenbar nur meine Neugierde dahin, die er jedoch nicht für stark genug halten könne, daß sie die Gefahr, in welche ich mich begebe, rechtfertige. Ich erwiderte ihm, es dränge mich mein Inneres, und es sei vielleicht ein belehrender Anblick, der nicht ohne seinen Nutzen bleibe. *Nun*, sagte der gute Mann, *wenn Sie sich deshalb dahin wagen wollen, so gehen Sie in Gottes Namen; verlassen Sie sich aber darauf, es wird dies die beste Predigt für Sie sein, welche Sie je in Ihrem Leben hörten. Es ist ein beredter Anblick*, fuhr er fort, und er hat eine Stimme, eine laute

Stimme, welche uns zur Reue mahnt; mit diesen Worten öffnete er die Tür und sagte: *Gehen Sie, wenn Sie wollen.*"

„Seine Sprache hatte mich in meinem Entschluß etwas wankend gemacht, und ich stand zögernd eine gute Weile da; gerade während dieser Zeit sah ich jedoch zwei Reihen von dem Ende des Minories herkommen und hörte den Ausrufer, worauf ein sogenannter Totenkarren von der Straße herkam; ich konnte dem Verlangen, ihn zu sehen, nicht länger widerstehen und ging hinein. Außer den Totengräbern und dem Menschen, welcher den Wagen führte, konnte ich anfangs niemand auf dem Kirchhof bemerken; als die Leute aber der Grube näherkamen, sahen sie einen Mann auf- und abgehen, der in einen braunen Mantel gehüllt war, und unter diesem mit den Händen lebhafte Bewegungen machte, als ob er in großer Seelenangst wäre; die Totengräber sammelten sich alsbald um ihn, in der Meinung, er sei eines jener armen wahnsinnigen und verzweiflungsvollen Geschöpfe, welche, wie sie sich gewöhnlich ausdrückten, sich selbst begraben wollten. Er sprach nichts, während er hin- und herging, nur stöhnte er zwei- bis dreimal sehr tief und laut und seufzte, als wollte ihm das Herz brechen."

„Als die Totengräber zu ihm herankamen, fanden sie bald, daß er weder angesteckt und in Verzweiflung, wie ich oben bemerkte, noch wahnsinnig sei, sondern daß nur der Kummer mit fürchterlichem Gewicht auf ihm laste, da seine Frau und mehrere seiner Kinder sich in dem Karren befanden, welcher soeben hereinfuhr; er folgte demselben in heftigem Seelenkampf und tiefem Schmerz. Er trauerte in dem Innersten seines Herzens, wie man leicht sehen konnte, doch war es ein männlicher Kummer, der durch Tränen sich nicht erleichtern konnte; er verlangte ruhig von den Totengräbern, man möge ihn allein lassen, und sagte, er wolle nur die Leichen hineinwerfen sehen und sich sodann entfernen; so belästigten sie ihn nicht weiter. Kaum hatte man aber den Karren umgewendet und die Leichen untereinander vermengt in die Grube geschüttet, wodurch er überrascht wurde, denn er erwartete wenigstens, man werde dieselben anständig hineinlegen, obwohl er sich später überzeugte, daß dies nicht tunlich war; kaum, sage ich, hatte er dies gesehen, so schrie er laut auf, denn er konnte sich nicht mehr halten. Ich hörte nicht, was er sagte, allein er ging einige Schritte rückwärts und fiel in Ohnmacht. Die Totengräber sprangen ihm bei und hoben ihn auf; nach einer kleinen Weile kam er wieder zu sich, und man führte ihn sodann nach der Pie-Tavern, gegen den Hundsgraben, wo der Mann bekannt zu sein schien und wo man sich seiner annahm."

„Als die Pest immer weiter um sich griff, blieb vielen Familien nur ein Rettungsmittel, wenn ihre Häuser angesteckt waren; dies war folgendes: die Familien, welche bei dem ersten Ausbruch der Krankheit auf das Land flohen und bei ihren Freunden eine Zuflucht fanden, übertrugen gewöhnlich den einen oder anderen ihrer Nachbarn oder Verwandten die Aufsicht über ihre Häuser wegen der Sicherheit der Effekten und dergleichen. Manche Häuser wurden allerdings ganz abgeschlossen, Fenster und Türen mit Dielen versperrt und nur die Aufsicht darüber dem gewöhnlichen Wächter und den Beamten des Kirchspieles übertragen; allein diese waren wenige. Man glaubte, daß nicht weniger als 1.000 Häuser in der City und den Vorstädten, mit Einschluß derjenigen in den Pfarren außerhalb der Stadtmauern und in Surrey oder an dem Ufer des Flusses, *Southwark* genannt, von den Einwohnern verlassen waren. Hierbei sind jedoch die Mietsleute und die einzelnen Personen, welche aus den Familien flohen, nicht begriffen, so daß man annehmen konnte, es seien im ganzen 200.000 Menschen geflohen."

„Was mich betrifft, so hatte ich außer mir in meiner Familie nur eine alte Frau, welche das Hauswesen besorgte, eine Magd und zwei Lehrlinge; als die Pest auch um uns her sich auszubreiten anfing, machte ich mir viele trübe Gedanken darüber, welches Verfahren ich befolgen und wie ich handeln solle. Das viele Traurige, welches sich mir darbot, so oft ich über die Straßen ging, hatte mein Gemüt mit Schrecken erfüllt, aus Furcht vor der Krankheit selbst, welche in der Tat an sich schon gräßlich und bei den einen noch heftiger war, als bei anderen. Die Pestbeulen, welche sich gewöhnlich in dem Nacken oder in der Leistengegend zeigten, verursachten, wenn sie sich verhärteten und nicht aufbrechen wollten, so fürchterliche Schmerzen, daß diese der ausgesuchtesten Tortur gleichkamen, und manche, welche diese Qualen zu ertragen nicht imstande waren, stürzten sich aus den Fenstern, erschossen sich oder nahmen sich auf eine andere Weise das Leben; ich sah mehrere schreckliche Fälle dieser Art. Andere, welche nicht an sich halten konnten, machten ihrem Schmerz durch unaufhörliches Schreien Luft; ja man hörte, wenn man durch die Straßen ging, so harte Klagerufe, daß einem dieselben in die Tiefe des Herzens drangen, besonders wenn man bedachte, daß man selbst jeden Augenblick dieselbe schreckliche Pein zu erwarten habe."

„Geschreckt durch diesen fürchterlichen Anblick, wollte ich mich bisweilen nach Hause begeben und den Entschluß fassen, nicht mehr auszugehen; diesem Entschluß blieb ich bisweilen drei bis vier Tage getreu und brachte diese Zeit in der ernstesten Dankbarkeit für meine Erhaltung und die Erhaltung meiner Familie, sowie unter beständigem Beichten meiner Sünden zu, wobei ich mich jeden Tag Gott ergab und in demütigem Fasten und Beten an ihn wendete; solche Tage benutzte ich zum Lesen von Büchern und zum Niederschreiben meiner Bemerkungen über das, was mir jeden Tag begegnet war."

„Ich hatte einen sehr guten Freund, einen Arzt, mit Namen Heath, den ich während dieser Schreckenszeit häufig besuchte und dessen Rat ich in mancher Hinsicht viel zu danken hatte. Wenn Dr. Heath mich besuchte und fand, daß ich mich so oft in den Straßen der Gefahr aussetzte, so sprach er mir ernstlich zu, mich und meine Familie einzuschließen und nicht zu dulden, daß irgend jemand aus der Tür gehe; alle unsere Fenster sollten wir schließen, Läden und Vorhänge beständig zuhalten, ohne sie je zu öffnen; vor allem aber sollten wir, wo Türen oder Fenster geöffnet werden müßten, einen sehr starken Rauch von Harz oder Pech, Schwefel, Schießpulver und dergleichen machen; wir taten dies auch einige Zeit, da ich aber für eine derartige Zurückgezogenheit keine Vorräte an Lebensmitteln eingelegt hatte, so war es nicht möglich, uns gänzlich zu Hause zu halten. Indessen versuchte ich doch, obwohl es sehr spät war, in dieser Hinsicht etwas zu tun; da ich Gelegenheit zum Brauen und Backen hatte, so kaufte ich vorerst zwei Säcke Mehl, welche ich backen ließ, und da mir auch ein Ofen nicht fehlte, so buken wir mehre Wochen hindurch all unser Brot; ich kaufte auch Malz und braute so viel Bier, als die Fässer, welche ich besaß, erlaubten; jedenfalls schien dies auf fünf bis sechs Wochen für meinen Hausbedarf auszureichen. Ich legte auch eine Quantität gesalzener Butter und Cheshirekäse ein; Fleischspeisen hatte ich jedoch keine und die Pest wütete so heftig unter den bekanntlich in großer Anzahl auf der anderen Seite unserer Straße wohnenden Fleischern und in deren Häusern, daß es nicht ratsam erschien, über die Straße zu ihnen zu gehen."

„Allerdings gebrauchten die Leute alle mögliche Vorsicht; wenn jemand ein Stück Fleisch auf dem Markt kaufte, so nahm man es selbst von dem Haken herab und nicht aus der Hand des Fleischers. Ebenso berührten die Fleischer gewöhnlich das Geld nicht, sondern sie ließen es in einen Topf voll Essig werfen, welchen sie zu diesem Zweck bereithielten. Der Käufer führte stets Münze bei sich, womit er irgendeine ungerade Summe vollzählig machen konnte, um das Wechseln zu vermeiden. Man führte Riechfläschchen bei sich und bediente sich aller nur denkbaren Mittel; die Armen aber konnten nicht alles dies tun und liefen große Gefahr. Jeden Tag hörte man in dieser Beziehung eine Menge unseliger Geschichten. Bisweilen fiel ein Mann oder eine Frau auf dem Markt selbst tot nieder, denn viele, welche die Pest bereits ergriffen hatte, wußten nichts hiervon, bis der kalte Brand ihre edlen Teile ergriffen hatte, wo sie sodann in wenigen Augenblicken starben; dies ist der Grund, daß viele häufig ohne irgendein vorgängiges Anzeichen plötzlich auf der Straße starben; andere hatten vielleicht noch Zeit, nach der nächsten Bude, einer Tür oder Halle zu gehen, setzten sich dort nieder und starben. Diese Vorfälle auf den Straßen waren so häufig, daß, als die Pest so heftig wütete, kaum mehr jemand über die Straßen ging, ohne hier und dort mehre Leichname am Boden liegen zu sehen; auf der anderen Seite ist zu bemerken, daß, obwohl die Leute im Anfang bei einem derartigen Fall stehenblieben und die Nachbarn herbeiriefen, doch später niemand mehr sich darum kümmerte; fand man ja eine Leiche daliegen, so ging man über den Weg, um derselben nicht nahe zu kommen, oder war dies in einem engen Gäßchen der Fall, so ging man zurück und suchte einen anderen Weg, um das nötige Geschäft zu besorgen, und so blieb die Leiche stets liegen, bis die öffentlichen Diener in Kenntnis gesetzt waren, wo sie dann kamen und dieselbe fortschafften, oder bis die Nacht einbrach, wo die Totengräber solche auf den Totenwagen nahmen und hinwegführten.“

Die Pest auf dem Kulminationspunkt im August und September 1665.

WÄHREND des Monates Juli hatte die Pest auf eine schreckenerregende Weise zugenommen. Die Todesfälle in der Woche, welche mit dem 4. Juli endigte, betrugen, wie bereits erwähnt, 470; in der Woche aber, welche mit dem 1. August endigte, wurden sie auf 2.010 angegeben; gewöhnlich blieben jedoch diese Zahlen weit unter der Wirklichkeit.

„Ich hatte", fährt Defoe fort, „den Rat meines Freundes, des Arztes, befolgt, mich und meine Familie eingeschlossen, mit dem Entschluß, lieber einige Monate ohne Fleischspeisen zu leben, als diese mit Gefahr unseres Lebens zu erkaufen."

„Obwohl ich meine Familie absperrte, konnte ich doch meine unbefriedigte Neugierde nicht bezähmen und ganz zu Hause bleiben; obwohl ich gewöhnlich in Furcht und Schrecken nach Hause kam, konnte ich mich noch nicht bezwingen; nur ging ich nicht so häufig aus, wie im Anfang."

„Auf diesen Gängen kamen mir viele unselige Auftritte vor Augen, besonders Leute, welche tot auf der Straße niederfielen, fürchterliches Schreien und Kreischen von Frauen, welche in der Todesangst die Fenster aufrissen und in jammernder Weise klagten. Unmöglich kann man die verschiedenen Arten beschreiben, in welcher sich die Leidenschaft der armen Leute ausdrückte."

„Als ich durch Tokenhouse-Yard in Lothbury ging, wurde plötzlich ein Fenster schnell über mir geöffnet, eine Frau ließ drei fürchterliche Schreie hören und rief dann: *O Tod, Tod, Tod!* in einem unnachahmlichen Ton, der mich mit Schrecken erfüllte und mein Blut erstarren machte. In der ganzen Straße war niemand zu sehen, auch öffnete sich kein anderes Fenster, denn die Leute waren nicht mehr neugierig und konnten einander auch nicht helfen; so ging ich weiter nach Bell-Alley."

„Gerade in Bell-Alley, auf der rechten Seite der Straße, ließ sich noch ein fürchterlicheres Schreien hören, als das oben geschilderte, nur kam dasselbe nicht gerade so aus dem Fenster; die ganze Familie war in gräßlichem Schrecken, ich konnte Frauen und Kinder wie toll durch die Zimmer rennen hören, als sich ein Dachstubenfenster öffnete und jemand aus einem Fenster auf der anderen Seite der Straße fragte: *Was gibt es?* Worauf aus dem ersteren Fenster die Antwort kam: *Mein alter Herr hat sich gehängt!*"

„Es ist kaum glaublich, welch schreckliche Fälle sich mit jedem Tag in den einzelnen Familien ereigneten. Leute, welche durch die Heftigkeit der Krankheit oder infolge der in der Tat unerträglichen Schmerzen der Beulen ganz außer sich kamen, rasten wahnsinnig und legten oft gewaltsame Hand an sich, indem sie sich aus den Fenstern stürzten, sich erschossen usw. Mütter ermordeten in ihrem Wahnsinn ihre eigenen Kinder, manche starben aus Kummer, manche aus Furcht und Entsetzen ohne alle Ansteckung; andere beraubte der Schrecken des Verstandes und brachte sie in Raserei, Verzweiflung und Wahnsinn; andere machte derselbe geisteskrank aus Schwermut."

„Der Schmerz der Beulen war bei einzelnen sehr heftig, bei manchen unerträglich; man kann sagen, daß die Ärzte und Wundärzte viele arme Geschöpfe selbst zu Tode quälten. Die Beulen verhärteten sich bei manchen, so daß man kräftige Zugpflaster oder Kräuterpflaster anwandte, um sie zu öffnen; erreichte man auf diese Art den Zweck nicht so schnitt und schröpfte man sie auf fürchterliche Weise. Bei manchen hatten sich diese Beulen verhärtet, teils infolge der heftigen Krankheit, teils dadurch, daß man sie zu gewaltsam aufgezogen; sie waren so hart, daß man sie mit keinem Instrument durchschneiden konnte; dann brannte man sie mit Höllenstein, so daß viele toll infolge der Schmerzen, viele während der Operation selbst starben. In dieser Not legten viele, da es an Hilfe fehlte, sie in den Betten zu halten oder zu beaufsichtigen, wie bereits er wähnt, selbst Hand an sich; manche brachen, vielleicht nackt, auf die Straßen aus, rannten nach dem Fluß, wenn sie nicht von den Wächtern oder anderen öffentlichen Beamten aufgehalten wurden, und stürzten sich in das Wasser, wo sie solches fanden."

„Man erzählte sich zu dieser Zeit eine große Menge schrecklicher Geschichten von Wärterinnen und Wächtern, welche auf den Tod der Leute warteten, d. h. von gemieteten Wärterinnen, welche die angesteckten Personen bedienten, sie grausam behandelten, hungern ließen, erstickten oder durch andere verruchte Mittel ihr Ende beschleunigten, d. h. sie ermordeten. Wächter, welche aufgestellt waren, um abgeschlossene Häuser zu bewachen, wenn man nur eine Person in denselben zurückgelassen hatte und diese eine vielleicht krank lag, brachen in dieselben ein, ermordeten die Person und warfen alsbald die Leiche in den Totenwagen, so daß sie, kaum kalt, in das Grab kam."

„Ich kann nur sagen, daß einige solche Ermordungen vorkamen, und so viel ich weiß, wurden zwei Menschen deshalb in das Gefängnis gebracht; sie starben jedoch, ehe man sie verurteilen konnte. Auch habe ich gehört, daß drei andere wegen Ermordungen dieser Art zu verschiedenen Zeiten hingerichtet wurden. Übrigens muß ich sagen, ich könne mir nicht denken, daß dieselben ein so gewöhnliches Verbrechen waren, wie manche glauben machen wollten."

„Die Räubereien erstreckten sich hauptsächlich auf Kleidungsstücke, Leinwand und Ringe oder Geld, wozu sie kommen konnten, wenn die ihrer Obhut anvertraute Person starb, allein sie arteten nicht in eine allgemeine Plünderung der Häuser aus; auch kann ich ein Beispiel von einer dieser Wärterinnen an führen, welche mehrere Jahre später auf ihrem Sterbebett mit dem fürchterlichsten Abscheu die Räubereien bekannte, welche sie zu der Zeit, wo sie Krankenwärterin war, begangen, und wodurch sie sich in hohem Grade bereichert hatte; was jedoch die Ermordungen betrifft, so finde ich nirgends Beweise von Tatsachen, welche auf die angegebene Weise verübt worden sind, die obigen ausgenommen."

„Einer meiner bekannten Nachbarn, welchem ein Krämer in Whitecross-Street, oder dort herum, einiges Geld schuldete, sandte seinen Lehrling, einen jungen Menschen von etwa 18 Jahren, dahin, damit er sich bemühe, das Geld zu erhalten. Er kam an die Tür und klopfte, da er sie geschlossen fand, ziemlich stark; er glaubte, es antworte jemand innerhalb, war jedoch seiner Sache nicht ganz gewiß und wartete somit; nach einiger Zeit klopfte er wieder, und dann ein drittes Mal, wo er sofort jemanden die Treppe herabkommen hörte. Endlich kam der Besitzer des Hauses an die Tür; er hatte seine Unterbeinkleider an, ferner ein Leibchen von gelbem Flanell, keine Strümpfe, ein Paar Pantoffeln, eine weiße Mütze auf dem Kopf und, wie der junge Mensch sagte, den Tod auf dem Gesicht. Als er die Tür geöffnet, sagte er: *Weshalb stören Sie mich?* Der Junge war zwar etwas überrascht, antwortete jedoch: *Ich komme von dem und dem, und mein Herr sandte mich wegen des Geldes, wovon Sie, wie er sagt, wissen. – Ganz gut, mein Sohn,* versetzte der lebendige Geist, *rufen Sie, wenn Sie bei der Cripplegate-Kirche vorübergehen, den Leuten zu und sagen Sie ihnen, daß sie die Glocke läuten;* mit diesen Worten schloß er die Tür wieder, ging wieder hinauf und starb nach an demselben Tag, ja vielleicht noch in derselben Stunde."

„Dies erinnert mich an John Hayward, welcher damals Unterküster in der St. Stephanskirche, Coleman-Street, war.[4] Dieser Mann trug alle Toten nach den Gräbern oder half sie dahin tragen, welche in diesem großen Kirchspiel gestorben und förmlich begraben wurden, und nach dem diese Begräbniszeremonie aufgehört hatte, ging er mit dem Totenwagen und der Glocke herum, holte die Leichname an den Häusern ab, in welchen sie lagen, und trug viele sogar aus den Zimmern, denn vor allen anderen Kirchspielen

---

[4] Unter Unterküster verstand man damals einen Totengräber und Träger der Toten.

Londons zeichnet sich dieses noch heute besonders durch eine große Anzahl von sehr langen Gäßchen und Durchgängen aus, in welche die Wagen nicht einfahren konnten; man mußte daher in dieselben hineingehen, die Leichen abholen, und einen ziemlich langen Weg tragen; die Gäßchen, welche noch heute hierfür zeugen, sind: Whites-Alley, Cross-Key-Court, Swan-Alley, Bell-Alley, Whitehorse-Alley und andere mehr. Dahin gingen sie mit einer Art Tragbahre, legten die Leichen auf dieselbe und trugen sie heraus nach dem Wagen; dieses Geschäft besorgte John Hayward, wurde dabei nie im Geringsten krank, lebte noch etwa 20 Jahre später und war zur Zeit seines Todes Küster des Kirchspieles. Seine Frau war zu derselben Zeit Wärterin bei den Angesteckten und pflegte viele, welche in dem Sprengel starben, wobei sie wegen ihrer Ehrlichkeit stets von den Beamten des Bezirkes empfohlen wurde; sie selbst wurde nie pestkrank. Er gebrauchte nie ein anderes Mittel gegen die Ansteckung, als daß er Knoblauch und Raute in den Mund nahm und Tabak rauchte; dies hörte ich auch aus seinem eigenen Mund; das Mittel seiner Frau bestand darin, daß sie ihren Kopf mit Essig wusch und ihre Hauptkleidungsstücke so mit Essig besprengte, daß sie stets feucht blieben; war der Geruch einer der Personen, welche sie wartete, außergewöhnlich stark, so schnupfte sie Essig in die Nase hinauf, besprengte ihre Kleider mit Essig und hielt ein mit Essig getränktes Tuch vor den Mund."

„Unter der Geschäftsbesorgung dieses John Hayward und in seinem Bezirk ereignete sich die Geschichte mit dem Pfeifer, welcher die Leute zu erheitern pflegte, und er versicherte mich, daß dieselbe wahr sei. Es soll ein blinder Pfeifer gewesen sein; wie mir aber John sagte, war er nicht blind, sondern ein unwissender schwächlicher, armer Bursche, der gewöhnlich um 10 Uhr nachts seine Runde machte und pfeifend von Tür zu Tür ging; die Leute nahmen ihn oft in Wirtshäuser, wo man ihn kannte, und gaben ihm zu trinken und zu essen, bisweilen auch etwas Geld; er pfiff und sang dafür und redete einfältiges Zeug, woran sich die Leute ergötzten; und so lebte er. Für eine derartige Belustigung war bei dem geschilderten Zustand der Dinge die Zeit schlecht gewählt; dennoch ging der arme Bursche wie gewöhnlich herum, litt aber beinahe Hunger; und wenn ihn jemand fragte, wie es ihm gehe, so antwortete er, der Totenwagen habe ihn noch nicht mitgenommen, die Träger hätten ihm jedoch versprochen, ihn kommende Woche zu holen."

„In einer Nacht ereignete es sich nun, daß sie dem armen Menschen zu viel zu trinken gegeben hatten; oder wie dies sein mochte; John Hayward sagte, in seinem Haus habe er nicht getrunken; etwas mehr Lebensmittel, als gewöhnlich, habe er aber in einem Wirtshaus in der Coleman-Street erhalten; und da der arme Bursche sich gewöhnlich, oder vielleicht seit lange, nicht sattgegessen hatte, so schlief er, nachdem man ihn der Länge nach auf eine Bude gelegt, vor einer Tür in der Straße bei London-Wall, gegen Cripplegate hin, fest ein, und zwar an eben der Bude, wo die Bewohner eines Eckhauses des Gäßchens, als sie die Glocke hörten, welche immer geläutet wurde, ehe der Wagen kam, eine Leiche, ein wirkliches Opfer der Pest, gerade neben ihn hinlegten, indem sie dachten, der arme Mensch sei gleichfalls eine Leiche, welche die Nachbarn dahin gelegt hätten."

„Als nun John Hayward mit seiner Glocke und dem Karren daherkam und zwei Leichname auf der Bude fand, nahmen sie die Leute mit den Werkzeugen, deren sie sich gewöhnlich bedienten, und warfen sie in den Karren; und während dieser ganzen Zeit schlief der Pfeifer fest. Von hier fuhren sie weiter und nahmen andere Leichen ein, bis sie, wie mir der ehrliche John Hayward sagte, ihn beinahe lebendig in dem Wagen begruben; allein während dieser ganzen Zeit schlief er fest. Endlich langte der Karren bei der Stelle an, wo die Leichname in die Grube geworfen werden sollten, und es war dies, wie ich mich erinnere, bei Mountmill; der Karren hielt gewöhnlich einige Zeit an, ehe er seiner traurigen Last entledigt werden konnte; so erwachte der Bursche, als derselbe stehenblieb, strengte sich an, seinen Kopf unter den Leichnamen hervorzuwinden, richtete sich in dem Karren auf und rief: *He, wo bin ich?* Dies erschreckte den Menschen, welcher dort arbeitete; nach einigen Augenblicken faßte sich jedoch John Hayward und sagte: *Gerechter Gott, es ist jemand in dem Karren nicht ganz tot!* Es rief ihm dann ein anderer zu: *Wer seid Ihr?* Der Bursche antwortete: *Ich bin der arme Pfeifer, wo bin ich? – Wo Ihr seid!* erwiderte Hayward. *Nun Ihr seid in dem Totenkarren, und wir sind im Begriff, Euch zu begraben. – Aber ich bin doch nicht tot, oder bin ich es?* sagte der Pfeifer, worüber sie ein wenig lachten, obwohl nach Johns Aussage sie im Anfang sehr erschrocken waren. Sie halfen nun dem armen Burschen herab und er ging wieder seinem Geschäft nach."

Die Zahl der wöchentlichen Todesfälle hatte während des Monates August auf eine schreckliche Weise zugenommen. In der nach dem 1. August endigenden Woche betrugen, wie bereits erwähnt, die Todesfälle infolge der Pest 2.010; in der folgenden Woche waren sie auf 2.817 gestiegen, in der nächsten betrugen sie 3.880, und in der mit dem 22. August endigenden Woche waren es deren 4.237; in der letzten Woche des August wurden sie auf nicht weniger als 6.102 angegeben, und alle diese Zahlen blieben bekanntlich noch hinter der Wirklichkeit zurück. Der Zustand der Stadt zu Ende August ist nicht zu beschreiben; die Türen und Fenster der Häuser waren versperrt, bei einigen, weil die Eigentümer die Stadt verlassen hatten, bei anderen, weil die Pest darin wütete – die letzteren waren alle sichtbar mit dem roten Kreuz gezeichnet; in den einst so bevölkerten Straßen wuchs das Gras, kein geschäftiges Drängen von Käufern und Verkäufern war bemerkbar, wie ehedem ; das Landvolk fürchtete sich, die Stadt zu betreten, und verkaufte die Produkte in den Vorstädten an obrigkeitliche Personen, die zu deren Empfangnahme aufgestellt waren. Alles war still, traurig und totenähnlich. Eine von uns noch nicht erwähnte Steigerung des allgemeinen Elendes war der durch den

Stillstand der Industrie verursachte Jammer. Defoe verzeichnet die Klassen, welche am meisten in dieser Hinsicht litten, auf folgende Weise: – „Erstens alle geschickten Arbeiter in Manufakturen, besonders in solchen, welche für den Putz und die weniger notwendigen Teile des Anzuges, der Kleidung und des Hausgerätes arbeiteten, wie Bortenwirker und andere Weber, Gold- und Silberspitzenklöppler, Gold- und Silberdrahtzieher, Näherinnen, Putzhändlerinnen, Schuhmacher, Hutmacher und Handschuhfabrikanten; zweitens, alle die außerordentlichen Zollbeamten, ebenso die Bootsführer, Kärrner, Lastträger und alle die Armen, welche sonst von den Kaufleuten beschäftigt wurden; drittens, alle Geschäftsleute, welche gewöhnlich bei Erbauung und Wiederherstellung von Häusern zu tun hatten, wie Maurer, Zimmerleute, Schreiner, Stuckaturarbeiter, Maler, Glaser, Schmiede, Bleidecker und alle von diesen Handwerkern beschäftigten Leute; viertens, da die Schiffahrt stillstand und unsere Schiffe weder aus- noch einliefen, wie früher, so waren die Matrosen alle unbeschäftigt, und viele derselben befanden sich im äußersten Elend; zu den Matrosen gesellten sich alle die verschiedenen, mit ihren Arbeiten im Neubau oder Ausbessern von Schiffen dahineinschlagenden Handwerker, wie Schiffszimmerleute, Kalfaterer, Reifschläger, Küfer, Seiler, Ankerschmiede, gewöhnliche Schmiede, Blockverfertiger, Holzschneider, Büchsenschmiede; solche, die mit allerlei Schiffsbedürfnissen handeln, und dergleichen Leute; fünftens, alle Familien verringerten soviel als möglich ihre Lebensbedürfnisse, sowohl diejenigen, welche flohen, als die, welche blieben; so daß eine unzählige Menge von Lakaien, Bedienten, Krämern, Tagelöhnern, kaufmännischen Buchhaltern und derartigen Leuten, besonders arme Dienstmägde weggeschickt wurden und nun freund und hilflos ohne Beschäftigung und Wohnung blieben; und dies war in der Tat ein unglücklicher Augenblick." – „Die Frauen und Diener", setzt er hinzu, „welche man aus ihren Plätzen wegschickte, wurden als Wärter und Wärterinnen bei den Kranken aller Orten verwendet, und dies raffte eine sehr große Zahl derselben hinweg.“

Die Sterblichkeit erreichte im Monat September ihren Höhepunkt. Im Anfang dieses Monates waren die Bürger wahnsinnig, sie glaubten, Gott habe beschlossen, die Stadt zu vernichten. Ganze Familien, ja die Bewohner ganzer Straßen waren hinweggerafft; dergestalt, daß häufig Nachbarn den Glockenmann in die und die Häuser riefen, um die Leute fortzuführen, denn alle waren gestorben.

„Wie die Verheerung während dieser schrecklichen Zeiten immer größer wurde, so wuchs auch die Bestürzung der Bevölkerung, und die Leute taten in dem entsetzlichen Schrecken tausend unerklärbare Dinge, während andere dasselbe in der Todesangst vor der Krankheit taten; es war in der Tat rührend. Manche gingen heulend und schreiend und händeringend durch die Straßen. Manche beteten und erhoben die Hände zum Himmel, indem sie Gottes Barmherzigkeit anriefen. Ich weiß nicht, ob dies nicht eine Folge ihres Wahnsinns war; wenn aber auch, so war es immer ein Zeichen von einem ernsteren Gemüt, wobei die Leute ihre Besinnung beibehielten, und immer noch weit besser, als das fürchterliche Geschrei und Geheul, welches man jeden Tag, und besonders abends in manchen Straßen hörte. Vermutlich wird die Welt von dem berühmten Salomon Eagle gehört haben; obwohl nirgends krank, als in seinem Kopf, ging er, bisweilen ganz nackt und eine Pfanne mit brennenden Kohlen auf dem Kopf, umher und verkündete schreckliches Gericht über die Stadt. Was er sagte oder behauptete, konnte ich nie recht erfahren.“

„Indessen unterließen es, ungeachtet der Gefahr, manche nicht, selbst in den gefährlichsten Zeiten einer öffentlichen Verehrung Gottes anzuwohnen. Und obwohl allerdings viele Geistliche ihre Kirchen abschlossen und gleich anderen Leuten zur Rettung ihres Lebens flohen, so waren dies doch nicht alle. Manche wagten es, den Gottesdienst zu verrichten und das Volk in Versammlungen durch beständige Gebete, bisweilen durch Reden oder kurze Ermahnungen zu Buße und Besserung aufzurichten, und zwar so lange man ihnen zuhörte. Auch *Dissenters*[5] taten das Gleiche, und zwar gerade in den Kirchen, deren Geistliche gestorben oder geflohen waren; indessen war es auch nicht der Platz, um zu einer solchen Zeit einen Unterschied zu machen."

„Es gefiel Gott, mich immer noch zu verschonen; ich war sehr kräftig und gesund, allein im höchsten Grade ungeduldig, hinter den Türen ohne frische Luft verschlossen zu sein, wie dies nun seit etwa 14 Tagen der Fall war; ich konnte mich nicht länger halten, sondern ging aus und trug einen Brief an meinen Bruder auf die Post; damals bemerkte ich allerdings eine tiefe Stille in den Straßen. Bei dem Posthaus angekommen, sah ich, als ich meinen Brief hineinwerfen wollte, einen Mann in einer Ecke des Hofraumes stehen, der mit einem anderen an einem Fenster sprach, und ein Dritter hatte eine Tür geöffnet, welche auf das Büro führte. In der Mitte des Hofes lag eine kleine lederne Börse mit zwei daran befindlichen Schlüsseln und etwas Geld darin, allein niemand wollte sie berühren. Ich fragte, wie lange sie hier gelegen habe; der Mann an dem Fenster sagte, sie liege beinahe eine Stunde hier, allein man habe sie noch nicht hinweggenommen, weil man nicht wisse, ob die Person, welche sie fallen gelassen, nicht wieder zurückkomme, um danach zu sehen. Ich hatte Geld nicht so sehr nötig, auch war die Summe nicht so groß, daß ich mich versucht fühlte, dasselbe zu berühren oder auf die Gefahr hin mitzunehmen, daß es angesteckt sei; als ich wieder hinweg gehen wollte, sagte der Mann, welcher die Tür geöffnet hatte, er wolle das Geld nehmen, jedoch unter der Bedingung, daß, wenn der rechtmäßige Eigentümer käme, er dasselbe bekäme. So ging er denn hinein und holte einen Kübel mit Wasser, stellte diesen dicht neben die Börse, ging dann abermals, holte etwas Schießpulver, streute einen ziem-

---

[5] Die sogenannten *Dissenter* waren Christen, die von der allgemeinen Lehre der Staatskirche abwichen.

lichen Teil davon auf die Börse und machte dann einen Schweif von dem Pulver aus, welches er locker auf die Börse geworfen – dieser Schweif war etwa zwei Ellen lang; – hierauf ging er zum drittenmal hinein, holte eine glühende Feuerzange, welche er vermutlich zu diesem Zweck vorbereitet hatte, und legte zuerst Feuer an den Pulverschweif, welcher die Börse versengte und die Luft hinlänglich durchräucherte. Damit war er aber nicht zufrieden; er nahm sofort die Börse mit der Zange auf und hielt sie damit so lange, bis die Zange die Börse durchgebrannt hatte; dann schüttelte er das Geld in den Kübel mit Wasser und erhielt es auf diese Weise. So viel ich mich erinnere, betrug dasselbe etwa 13 Schillinge, einige Groschen und etwas Kupfergeld."

„So ziemlich um dieselbe Zeit ging ich hinaus in die Felder gegen Bow, denn ich wünschte zu sehen, wie die Sachen auf dem Fluß und unter den Schiffen standen; und da ich mich für die Schiffahrt interessierte, so wußte ich, daß eines der besten Mittel, sich gegen die Ansteckung zu sichern, darin bestehe, daß man sich auf ein Schiff begebe; indem ich darüber nachdachte, wie ich meine Neugierde in dieser Hinsicht befriedigen könne, wandte ich mich über die Felder von Bow nach Bromley und hinab nach Blackwall zu der Treppe, welche dort zum Landen oder Wasserholen angebracht ist. Hier sah ich einen armen Mann am Ufer auf- und abgehen. Auch ich ging einige Zeit auf und ab und sah, daß alle Häuser geschlossen waren. Endlich ließ ich mich von der Ferne in ein Gespräch mit diesem armen Mann ein. Zuerst fragte ich ihn, was die Leute in dieser Gegend machen. *Ach, Herr,* antwortete er, *es ist beinahe öde – alles tot oder krank. Es gibt wenige Familien in dieser Gegend oder in jenem Dorf* (indem er auf Poplar zeigte) *von denen nicht die eine Hälfte schon tot, die andere rank ist.* Dann zeigte er auf ein Haus und fuhr fort: *Hier sind sie alle tot und das Haus steht offen; niemand wagt es, hineinzugehen. Ein armer Dieb wagte sich hinein, um etwas zu stehlen, allein er büßte teuer für diesen Diebstahl, denn man führte ihn in der vergangenen Nacht auf den*

Kirchhof. Dann zeigte er auf einige andere Häuser und sagte: *Hier ist alles tot, Mann und Frau mit fünf Kindern. Dort sind sie abgesperrt; Sie sehen einen Wächter an der Türe;* und so sprach er noch von anderen Häusern. *Nun,* fragte ich, *was machen Sie hier ganz allein?*

Ich bin eben, antwortete er, *ein armer, unglücklicher Mann; nach Gottes Ratschluß bin ich noch nicht heimgesucht, obwohl dies bei meiner Familie der Fall, ja eines meiner Kinder bereits tot ist.*

Wie versteht Ihr das, fragte ich weiter, *Ihr seid noch nicht heimgesucht?*

Nun, sagte er, *dies ist mein Haus,* und zeigte dabei auf ein sehr kleines niederes Häuschen, *und dort leben meine arme Frau und zwei Kinder, wenn man dies noch leben heißen kann; denn meine Frau und eines der Kinder sind angesteckt, ich nähere mich ihnen jedoch nicht.* Bei diesen Worten sah ich, wie ihm die Tränen in Strömen über das Gesicht herabrollten, und ich bin überzeugt, sie blieben auch bei mir nicht zurück.

Aber, versetzte ich, *warum nähert Ihr Euch ihnen nicht? Wie könnt Ihr Euer eigenes Fleisch und Blut verlassen? – O Herr,* erwiderte er, *da sei Gott vor; ich verlasse sie nicht; ich arbeite für sie so viel ich kann, und gelobt sei Gott, ich bewahre sie vor Mangel.* Ich bemerkte, daß er hierbei sei Augen mit einem Ausdruck zum Himmel erhob, der mir sagte, daß ich einen Mann getroffen, der kein Heuchler, sondern ein ernster, gottesfürchtiger, guter Mensch war; in seinem Gebet drückte er seine Dankbarkeit dafür aus, daß er in einer Lage, wie der seinigen, noch imstande sei, zu versichern, seine Familie leide keinen Mangel.

Nun, sagte ich, *ehrlicher Mann, dies ist eine große Gnade in der dermaligen Lage der Armen. Wie lebt Ihr aber und wie wurdet Ihr bewahrt in dem schrecklichen Unheil, welches über uns allen schwebt?*

Mein Herr, erwiderte er, *ich bin Fährmann, dort liegt mein Boot und dieses Boot dient mir als Haus. Während des Tages arbeite und bei Nacht schlafe ich darin; was ich erwerbe, lege ich auf jenen Stein,* dabei zeigte er mir einen großen Stein auf der anderen Seite der Straße, ziemlich weit von seinem Haus entfernt; *und dann,* fuhr er fort, *rufe ich, bis sie mich hören, herauskommen und es abholen.*

Gut, mein Freund, entgegnete ich, *wie könnt Ihr aber als Fährmann Geld verdienen? Geht denn in diesen Zeiten jemand zu Wasser?*

Ja, mein Herr, war seine Antwort, *auf die Art, wie ich beschäftigt bin, geht es. Sehen Sie dort fünf Schiffe vor Anker liegen?* Dabei zeigte er den Fluß abwärts auf eine Stelle ziemlich weit unterhalb der Stadt. *Und sehen Sie,* fuhr er fort, *dort acht oder zehn Schiffe an der Kette und drüben vor Anker?* Dabei zeigte er auf eine Stelle oberhalb der Stadt. *Alle diese Schiffe haben die Familien ihrer Kaufleute und Eigentümer an Bord, welche sich abgesperrt haben und aus Furcht vor Ansteckung eingeschlossen an Bord leben; ich diene ihnen dazu, Sachen zu holen, Briefe zu bringen und das unumgänglich Nötige zu besorgen, damit sie nicht an Land gehen müssen; jede Nacht befestige ich mein Boot an eines der Schiffe und schlafe dort; und gelobt sei Gott, bis jetzt wurde ich erhalten.*

Aber, mein Freund, sagte ich, *lassen sie Euch denn an Bord kommen, nachdem Ihr hier am Lande gewesen, wo dies ein so sehr von der Ansteckung ergriffener Ort ist?*

Nun, was das anbetrifft, erwiderte er, *so gehe ich sehr selten auf die Schiffe; ich liefere, was ich bringe, an ihr Boot ab oder lege auf ihrer Seite bei, und sie ziehen es an Bord; wenn ich aber auch auf die Schiffe käme, so glaube ich, sie hätten nichts von mir zu befürchten, denn ich gehe am Land nie in ein Haus und berühre nie jemand, nicht einmal von meiner eigenen Familie; aber ich hole Lebensmittel für sie.*

Das kann aber, entgegnete ich, *noch schlimmer werden, denn Ihr müßt diese Lebensmittel von irgend jemand bekommen; und da dieser ganze Stadtteil von der Pest so ergriffen ist, so ist es um so gefährlicher, mit jemand zu sprechen, denn das Dorf ist gleichsam der Anfang von London, obwohl es ein wenig davon entfernt ist.*

Allerdings, erwiderte er, *aber Sie verstehen mich nicht recht. Ich kaufe nicht hier Lebensmittel für sie ein, ich rudere nach Greenwich hinauf und kaufe dort frisches Fleisch, bisweilen rudere ich auch den Fluß hinab nach Woolwich und kaufe dort; sodann gehe ich nach einzelnen Pächterswohnungen in der Gegend von Kent, wo ich bekannt bin, kaufe Geflügel, Eier und Butter, und bringe diese Gegenstände nach den Schiffen, je nachdem ich von dem einen oder dem anderen Aufträge erhalten. Hier gehe ich selten ans Land und komme jetzt nur, um meiner Frau zu rufen und zu hören, wie es meiner kleinen Familie ergeht, sowie um ihnen etwas Geld zu bringen, welches ich am vorigen Abend erhielt.*

Armer Mann! sagte ich; *und wieviel habt Ihr für sie bekommen?*

Ich habe vier Schillinge erhalten, erwiderte er, *was in der dermaligen Lage der Armen eine große Summe ist; man hat mir aber auch einen Sack voll Brot, einen gesalzenen Fisch und etwas Fleisch gegeben; so hilft alles aus.*

Gut, antwortete ich, *und habt Ihr ihnen das jetzt gegeben?*

Nein, versetzte er, *aber ich habe gerufen, und meine Frau gab mir zur Antwort, sie könne jetzt nicht herauskommen, in einer halben Stunde werde ihr dies aber hoffentlich möglich sein, und nun warte ich auf sie. Arme Frau!* sagte er, *sie ist schrecklich herabgekommen; sie hatte ein Geschwür, und nachdem dieses nun aufgebrochen, wird sie hoffentlich genesen, das Kind aber wird, fürchte ich, sterben; allein des Herrn Wille geschehe!* Hier schwieg er und weinte heftig.

Nun, ehrlicher Freund, sagte ich, *Ihr habt einen zuverlässigen Tröster, wenn Ihr Euch in den Willen Gottes ergeben habt; er begegnet uns allen bei dem Gericht.*

O Herr, erwiderte er, *es ist eine unendliche Barmherzigkeit, wenn jemand von uns verschont bleibt; und weshalb sollte ich mißvergnügt sein?*

Sprecht Ihr so, antwortete ich, *und wie weit geringer ist mein Glaube als der Eurige!* Hier schlug mein Herz sagte mir, auf wieviel besserem Grund dieser arme Mann in der Gefahr stand, wie ich; er durfte nirgends hinfliehen; er hatte eine Familie, welche seiner Dienste bedurfte, ich nicht; bei mir war es bloß Vermessenheit, bei ihm festes, mutiges Vertrauen auf Gott; und doch gebrauchte er alle mögliche Vorsicht zu seiner Erhaltung."

„Ich wandte mich eine kleine Strecke von dem Mann ab, während mich diese Gedanken beschäftigten, denn ich konnte in der Tat die Tränen ebensowenig zurückhalten, wie er."

„Endlich öffnete nach einigen weiteren Reden die arme Frau ihre Tür und rief: *Robert, Robert;* er gab Antwort und bat sie, einige Augenblicke zu warten, so wolle er kommen; er sprang nun die gewöhnliche Treppe hinab nach seinem Boot und holte einen Sack, worin die Lebensmittel waren, welche er von den Schiffen mitgebracht; dann rief er wieder, ging zu dem großen Stein, welchen er mir gezeigt, leerte den Sack aus, legte alles hin und entfernte sich; hierauf kam seine Frau mit einem kleinen Jungen, um die Sachen zu holen, und dann rief er, jener Kapitän habe dies, jener jenes gesandt, am Ende aber setzte er hinzu: *Gott hat alles gegeben, danket ihm.* Als die arme Frau alles aufgenommen hatte, fühlte sie sich zu schwach, um es auf einmal hinwegzutragen; so legte sie den in einem kleinen Sack befindlichen Schiffszwieback wieder hin und ließ, bis sie wiederkam, einen kleinen Jungen zu dessen Bewachung zurück."

Aber, fragte ich, *ließet Ihr auch die vier Schillinge, von denen Ihr sagtet, sie seien Euer Wochenlohn?*

Ja, ja, antwortete er, *Sie sollen es von ihr bestätigen hören.* Er rief daher noch einmal: *Rachel, Rachel,* wie sie hieß, *hast du das Geld auch genommen?*

Ja, lautete die Antwort.

Wieviel war es? fragte er weiter.

Vier Schillinge und ein Groschen, sagte sie.

Gut, erwiderte er, *der Herr bewahre Euch alle!* und mit diesen Worten schickte er sich zum Weggehen an.

„Wie ich der Geschichte dieses Mannes meine Tränen nicht versagen konnte, so sollte ihm auch ein Almosen zu seiner Unterstützung nicht entgehen; ich rief ihm daher: *Höret, Freund, kommt hierher, denn ich halte Euch für gesund, so daß ich es schon wagen kann, mich Euch zu nähern;* damit zog ich meine Hand aus der Tasche, wo ich sie vorher hatte. *Hier,* sagte ich, *geht und rufet Eurer Rachel noch einmal und gewähret ihr in meinem Namen noch etwas mehr Trost. Gott wird nie eine Familie verlassen, welche, wie Ihr, auf ihn vertraut;* so gab ich ihm vier weitere Schillinge und hieß ihn hingehen, sie auf den Stein legen und dann seiner Frau rufen.“

„Mir fehlen die Worte, um die Dankbarkeit dieses armen Mannes zu schildern; auch konnte er sie selbst nicht ausdrücken weil ihm die Tränen über das Gesicht herabrollten. Er rief seiner Frau und sagte ihr, Gott habe das Herz eines Fremden gerührt, der, als er von ihrer Lage gehört, ihm all das Geld und noch weit mehr gegeben, als er ihr gesagt habe. Auch die Frau machte gegen den Himmel, wie gegen mich, Zeichen der gleichen Dankbarkeit, und nahm das Gegebene freudig auf; und nie hatte ich das ganze Jahr hindurch Geld besser angewendet.“

„Ich fragte sodann den armen Mann, ob die Krankheit Greenwich noch nicht erreicht habe. Er sagte, vor etwa 14 Tagen sei dies noch nicht der Fall gewesen, seither aber fürchte er, möchte sie auch bis dahin vorgedrungen sein; sie sei jedoch nur an dem Ende der Stadt, welches südlich gegen Deptford-Bridge liegt; er gehe nur nach dem Laden eines Fleischers und eines Spezereikrämers, wo er gewöhnlich nur Sachen kaufe, wozu er beauftragt worden, sei dabei aber sehr vorsichtig. Ich fragte ihn sodann, wie es komme, daß die Leute, welche sich so auf den Schiffen abgesperrt, sich nicht mit hinlänglichen Vorräten von allem Nötigen versehen hätten? worauf er mir erwiderte, manche haben dies getan, auf der anderen Seite aber kommen viele erst an Bord, wenn sie die Angst hierzu treibe, und es zu gefährlich ist, zu den Leuten zu gehen, um sich die nötigen Vorräte zu verschaffen. Er bediente zwei Schiffe, welche er mir zeigte, die wenige oder gar keine Vorräte hatten, außer Schiffszwieback, Brot und Schiffsbier, und für welche er beinahe alles andere einkaufte. Ich fragte ihn, ob noch weitere Schiffe sich so abgesondert hielten, wie diese? Er bejahte mir dies; von diesem Punkt aus den ganzen Weg hinauf rechts gegen Greenwich bis an die Küste von Limehouse und Redriff hätten dies alle Schiffe getan, in welchen Raum genug sei, um je zwei und zwei in der Mitte des Stromes nebeneinander zu fahren; einige von ihnen hätten mehrere Familien an Bord. Ich fragte ihn, ob die Krankheit dieselben noch nicht erreicht habe? Er sagte, er glaube nicht, mit Ausnahme von zwei oder drei Schiffen, deren Leute nicht so achtsam gewesen, wie die der anderen, und die Matrosen hätten an das Land gehen lassen; auch sagte er, es sei ein sehr schöner Anblick, wenn man die Schiffe bis zu dem Pool hinauf daliegen sehe.“

„Als er mir sagte, er rudere mit eintretender Flut nach Greenwich hinüber, so fragte ich ihn, ob er mir erlaube, die Fahrt mitzumachen, und ob er mich wieder zurückbringen wolle; denn ich habe große Lust, zu sehen, wie die Schiffe nach seiner Beschreibung geordnet seien. Er sagte mir, wenn ich ihn auf das Wort eines Christen und ehrlichen Mannes versichern wolle, daß ich die Pest nicht habe, so sei er dazu bereit. Ich versicherte ihn, daß ich nicht krank sei, daß es Gott gefallen, mich zu erhalten, daß ich in Whitechapel wohne, aber zu ungeduldig sei, um so lange hinter den Türen zu bleiben, und daß ich mich nur so weit herausgewagt habe, um mich an der Luft ein wenig zu erfrischen, daß aber noch niemand in meinem Haus von der Krankheit befallen sei.“

Gut, mein Herr, sagte er, *da Ihre Menschenfreundlichkeit Sie zum Mitleid mit mir und meiner armen Familie rührte, so können Sie gewiß nicht so wenig Mitleid haben, daß Sie sich in mein Boot setzen, wenn Sie nicht vollkommen gesund wären, denn Sie würden dadurch nur mich töten und meine ganze Familie verderben.* Der arme Mann beunruhigte mich, als er mit so sichtbarem Interesse und so liebevoll von seiner Familie sprach, so sehr, daß ich es im Anfang nicht über mich gewinnen konnte, überhaupt zu gehen. Ich sagte ihm, ich wolle lieber meine Neugierde bezwingen, als ihm lästig werden, obwohl ich versichert und sehr dankbar dafür sei, daß ich nicht mehr in Beziehung auf meinen Zustand zu klagen habe, als der gesundeste Mann von der Welt. Nun wollte er mich nicht fortlassen, sondern mir zeigen, wie sehr er auf meine Gesinnungen gegen ihn vertraue, und nötigte mich, zu gehen; als die Flut sein Boot erreichte, stieg ich ein, und er führte mich nach Greenwich. Während er die Sachen kaufte, womit er beauftragt war, stieg ich den Hügel hinan, an dessen Fuß die Stadt liegt, und wandte mich nach der östlichen Seite der Stadt, um eine Aussicht auf den Fluß zu bekommen; ein überraschender Anblick war es, wenn man die Menge von Schiffen sah, welche in Reihen dalagen, je zwei und zwei, und an manchen Stellen zwei oder drei solche Linien in der Breite des Stromes, und dies nicht nur bis ganz zu der Stadt hinauf, zwischen den Häusern, welche wir *Ratcliff* und *Redriff* nennen, und welche bei den Schiffern *Pool* heißen, sondern ganz den Fluß hinab bis zu der Spitze von Long Reach, d. h. so weit, als man von den Hügeln aus sehen kann."

„Ich kann die Anzahl der Schiffe nicht erraten, aber ich glaube, es müssen mehrere hundert Segel gewesen sein, und ich konnte dem Verfahren nur meinen Beifall geben; denn 10.000 Menschen und mehr, welche den Dienst auf den Schiffen besorgten, wurden sicher vor der Heftigkeit der Ansteckung bewahrt und lebten ganz sicher und bequem."

„Sehr befriedigt über meine Tagereise und besonders über den armen Mann, kehrte ich nach meiner Wohnung zurück; auch freute ich mich, daß ich sah, wie so viele Familien in dieser Zeit der Trübsal auf so kleinen Zufluchtsorten Schutz fanden."

„Das Benehmen der Magistratspersonen während dieser Schreckenszeit kann nicht genug gelobt werden. Vor allem faßten der Lord-Mayor, Sir John Lawrence, die Sheriffs, die Aldermen und eine Anzahl gewöhnlicher Ratsherren den Beschluß, welchen sie alsbald öffentlich bekannt machten, nämlich: Sie wollten selbst die Stadt nicht verlassen, stets zur Hand sein, um überall Ordnung zu erhalten und bei allen Gelegenheiten Gerechtigkeit zu üben, wie auch die öffentlichen Almosen unter die Armen zu verteilen, mit einem Wort ihre Pflicht tun, und so viel in ihrer Macht stehe, das Vertrauen rechtfertigen, welches die Bürger in sie gesetzt."

„Zufolge dieser Anordnungen hielten der Lord-Mayor, die Sheriffs usw. mehr oder weniger jeden Tag Versammlungen, um diejenigen Anordnungen zu treffen, welche man zu Erhaltung der Ruhe für nötig hielt. Nach den unter sich, sowie mit Ärzten angestellten Beratungen, glaubten die Magistratspersonen, das Anzünden großer Feuer in den Straßen müsse die Luft reinigen und die Pest niederschlagen. Zu diesem Zweck wurde somit am 2. September von dem Lord-Mayor eine Proklamation erlassen: Je sechs Häuser zu beiden Seiten der Straße, zusammen also zwölf Häuser, haben sich zu vereinigen und dafür zu sorgen, daß drei ganze Nächte und drei Tage lang vor der Tür derjenigen, welche in der Mitte wohnen, ein großes Feuer unterhalten wird; es sind mehrere Personen zu bestimmen, welche das Feuer beständig brennend erhalten und nicht dulden, daß es während der besagten Zeit ausgelöscht werde oder ausgehe; dies ist in allen Straßen, Gassen und Gäßchen zu beobachten, und besondere Sorgfalt hierauf besonders da zu richten, wo die Straßen, Gassen und Gäßchen eng sind, daß die Feuer verhältnismäßig groß gemacht werden, so daß kein Schaden für die Häuser daraus entsteht."

Die Wirkungen dieser Feuer scheinen keine sehr wohltätigen gewesen zu sein, wenn man nach der immer steigenden Zahl der Todesfälle urteilt. *Wir, die Ärzte,* sagt Dr. Hodges in seiner *Loimologia* oder seinem Bericht über die Pest, *widersprachen dem Anzünden von Feuern mit aller uns zu Gebote stehenden Macht. Aber die Magistratspersonen ließen aus allzugroßer Besorgnis für die Gesundheit der Stadt, und weil sie die Autorität und das Beispiel unseres großen Hippokrates vorzogen, überall Feuer anzünden. Ach! kaum waren die drei Tage verstrichen, so löschte der trauernde Himmel, als weinte er über die unzähligen Leichenbegängnisse, die Flammen mit tüchtigen Regenschauern aus. Entweder infolge der erstreckenden Ausdünstung der Kohlen oder der Feuchtigkeit der augenblicklich folgenden Regenluft brachte gerade diese Nacht eine unerhörte Zerstörung, denn es starben vor dem Morgen wahrlich mehr als 4.000 Personen.* Die Nacht, in welcher diese schreckliche Sterblichkeit stattfand, scheint diejenige vom 3. auf den 4. September gewesen zu sein; und es betrug die Wochenzahl der Sterbefälle am 5. des Monats 8.252, wovon 6.988 auf die Pest kamen. Nach Defoe starben in dieser Woche wenigstens 10.000 Personen an der Pest und ebensoviele in jeder der beiden folgenden Wochen. „Die Pest", sagt er, „wütete jetzt über alle Begriffe und erreichte eine solche Höhe, daß sie in der Verlegenheit jene ausgezeichnete Ordnung einführten, von welcher ich zugunsten der Magistratspersonen so viel gesprochen habe, nämlich davon, daß man bei Tage keine Leichname oder Begräbnisse in den Straßen sah. Auch ist hier zu bemerken, daß, als der Begräbnisse so viele wurden, die Leute nicht mehr die Glocke ziehen, trauern, weinen oder sich für einen anderen schwarz kleiden konnten, wie es vorher geschehen; nein, auch keine Särge konnte so man mehr für die Toten machen."

„In unserem Kirchspiel von Aldgate fand man, wie ich hörte, mehremale die Totenwagen, wie sie voll mit Leichnamen, aber ohne Ausrufer oder Fuhrmann, noch sonst jemand an dem Kirchhoftor standen. In diesen, wie in anderen Fällen wußten sie nicht, was für Leichen sie auf dem Karren hatten; denn bisweilen ließ man diese von Balkonen und aus Fenstern an Seilen herab, bisweilen brachten sie die Träger in die Karren, bisweilen andere; auch gaben sich die Leute, wie sie selbst sagten, keine Mühe, um sie zu zählen."

„Eine weitere Bemerkung muß ich hier zum Nutzen der Nachwelt über die Art und Weise machen, wie die Leute einander ansteckten, daß es nämlich nicht nur die Kranken waren, von welchen man unmittelbar die Pest bekam, sondern auch von solchen, welche dem Anschein nach gesund, gleichwohl aber angesteckt waren. Als die Leute die Überzeugung gewannen, daß die Ansteckung auf diese überraschende Weise stattfinde, so es wurden sie außerordentlich, argwöhnisch und mißtrauisch gegen jedermann, der ihnen nahekam. Als einmal, ob an einem Sonntag oder nicht, erinnere ich mich nicht mehr, in der Aldgatekirche in einem angefüllten Kirchenstuhl plötzlich eine Person sich einbildete, sie fühle einen üblen Geruch, so bildete sich diese alsbald auch ein, die Pest sei in dem Stuhl, flüsterte ihre Entdeckung oder Vermutung dem nächsten zu, erhob sich und ging aus dem Stuhl; augenblicklich teilte sich dies dem nächsten und so allen mit, so daß jedermann aus dem betreffenden, wie aus den beiden anstoßenden Kirchenstühlen ging, ohne daß jemand wußte, was oder durch wen ihnen etwas zugestoßen.“

„Alsbald war dies in aller Mund mit diesem oder jenem Präservativ, wie es alte Frauen, vielleicht auch Ärzte angaben, um Ansteckung durch den Atem anderer zu verhüten; so daß wir, als wir in die etwas angefüllte Kirche gehen wollten, am Eingang ein solches Gemisch von Gerüchen fanden, daß es stärker, wiewohl vielleicht nicht so gesund war, als wenn man in den Laden eines Apothekers oder Materialisten geht; mit einem Wort, die ganze Kirche glich einem Riechfläschchen. In der einen Ecke waren alle Arten von Räucherwerk, in der anderen Gewürze, balsamische Düfte und eine Menge von Materialwaren und Kräutern; in einer dritten waren Salze und geistige Wasser, da jedermann sich zur eigenen Erhaltung mit etwas versah; und doch bemerkte ich, daß, nachdem die Leute zu dem Glauben oder vielmehr zu der Überzeugung gekommen waren, daß die Ansteckung auf diese Art durch anscheinend Gesunde verbreitet werde, die Kirchen und Kapellen weit weniger besucht wurden, als früher; denn das muß man der Bevölkerung von London nachsagen, daß die Kirchen oder Kapellen während der Zeit der Pest nie ganz abgeschlossen waren; auch vermieden es die Leute nicht, zu öffentlicher Verehrung Gottes zu kommen, außer in einigen Kirchspielen, als die Krankheit dort ausnehmend heftig wütete, und selbst zu dieser Zeit nicht länger, als sie sich in diesem Grade zeigte."

Oktober 1665 – Die Pest
nimmt ab und verschwindet allmählich.

WIE wir bereits erwähnt, hatte die Pest während der fünf Wochen, vom 22. August bis zum 26. September ihren höchsten Grad erreicht. Es folgen hier die Angaben aus den Sterblichkeitslisten jener Zeit:

Vom 22. bis 29. Aug. Begräbnisse: 7.496 – Pesttote: 6.102
Vom 29. Aug. bis 5. Sept. Begräbnisse: 8.252 – Pesttote: 6.988
Vom 5. bis 12. Sept. Begräbnisse: 7.690 – Pesttote: 6.544
Vom 12. bis 19. Sept. Begräbnisse: 8.297 – Pesttote: 7.165
Vom 19. bis 26. Sept. Begräbnisse: 6.460 – Pesttote: 5.533

Summa.
Begräbisse: 38.195 – Pesttote: 32.332

Aus dieser Tabelle wird man ersehen, daß die Zahl der Todesfälle in der mit dem 26. September endigenden Woche im Vergleich mit den vier vorhergehenden Wochen bedeutend abgenommen hatte; und obwohl die Zahl immer noch ungeheuer groß war, nahmen die Bürger doch diesen Umstand freudig als ein mögliches Zeichen eines gänzlichen Aufhörens der Pest an, und man erwartete mit außerordentlicher Beklemmung das Ergebnis der nächsten Wochen. Welche Wonne, welche Hoffnung verbreitete sich durch die Stadt, als man den folgenden Stand der Liste erfuhr:

Vom 26. Sept. bis 3. Okt. Begräbnisse: 5.720 – Pesttote: 4.929

Wir müssen jedoch Defoe das allmähliche Abnehmen schildern lassen, wofür die verminderten Listen sprachen. „Als in der letzten Woche des September", sagt er, „die Pest zu einer Krisis gekommen war, so fing ihre Wut an, sich zu legen. Ich erinnere mich, daß mein Freund, Dr. Heath, als er mich die Woche zuvor besuchte, mir sagte, er sei überzeugt, daß sich die Heftigkeit in einigen Tagen verlieren werde; als ich aber die Liste dieser Woche, die bedeutendste während des ganzen Jahres, und darauf 8.297 Krankheitsfälle aller Art verzeichnet sah, hielt ich ihm dieselbe vor und fragte, wonach er geurteilt habe? Seine Antwort lautete jedoch nicht so, wie ich erwartete. *Sehen Sie*, sagte er, *nach der Zahl der Kranken und Angesteckten hätten statt 8.000 in der vergangenen Woche 20.000 Personen sterben sollen, wenn die Krankheit so hartnäckig gewesen wäre, wie vor zwei Wochen; denn damals tötete sie gewöhnlich in zwei bis drei, jetzt dagegen nicht unter acht bis zehn Tagen, und damals genas unter Fünfen nicht mehr als Einer, wogegen ich die Bemerkung gemacht habe, daß jetzt unter Fünfen nicht mehr als Zwei verlorengehen, und denken Sie an mich, die nächste Liste wird kleiner sein, und Sie werden mehr Menschen genesen sehen als früher; denn obwohl jetzt eine ungeheure Menge überall angesteckt ist und noch viele jeden Tag erkranken, so werden doch nicht so viele sterben wie früher, indem die Bösartigkeit der Krankheit gewichen ist.* Weiter setzte er hinzu, daß er jetzt hoffe, ja mehr als hoffe, die Krankheit habe ihre Krisis überschritten und werde sich verlieren: so war es auch; denn in der nächsten Woche, der letzten im September, nahm die Liste beinahe um 2.000 ab."

„Allerdings war die Pest noch auf einer fürchterlichen Höhe; die nächste Liste zählte 6.460 und die übernächste 5.720; allein gleichwohl war die Beobachtung meines Freundes richtig, denn die Leute genasen schneller und in größerer Anzahl wie früher. Und wäre dies nicht geschehen, was hätte aus der Stadt London werden sollen? denn nach den Angaben meines Freundes waren zu jener Zeit nicht weniger als 60.000 Menschen angesteckt, von denen etwa 20.477 starben und nahezu 40.000 genasen, wogegen bei dem früheren Zustand wahrscheinlich 50.000, wenn nicht mehr, gestorben und weitere 50.000 erkrankt wären, denn, mit einem Wort, es fing die ganze Masse der Bevölkerung an, zu erkranken, und es sah aus, als ob niemand davonkommen sollte."

„Die Bemerkung meines Freundes wurde erst in einigen Wochen augenscheinlicher, denn die Abnahme dauerte fort und betrug in einer Woche im Oktober 1.843, so daß die Zahl der Todesfälle infolge der Pest nur noch 2.665 betrug; in der folgenden Woche nahm sie abermals um 1.413 ab, und doch sah man augenscheinlich, daß es noch Kranke genug, ja mehr als gewöhnlich gab, und daß jeden Tag viele erkrankten; allein, wie bereits gesagt, die Bösartigkeit der Krankheit verlor sich."

Den besten Begriff von dem schnellen Fortschreiten des Gesundheitszustandes der Stadt erhält man aus den Sterblichkeitslisten, welche in ihrer Fortsetzung folgende Angaben enthielten:

Vom 3. bis 10. Okt. Begräbnisse: 5.068 – Pesttote: 4.327
Vom 10. bis 17. Okt. Begräbnisse: 3.219 – Pesttote: 2.665
Vom 17. bis 24. Okt. Begräbnisse: 1.806 – Pesttote: 1.421
Vom 24. bis 31. Okt. Begräbnisse: 1.388 – Pesttote: 1.031
Vom 31. Okt. bis 7. Nov. Begräbnisse: 1.787 – Pesttote: 1.414
Vom 7. bis 14. Nov. Begräbnisse: 1.359 – Pesttote: 1.050
Vom 14. bis 21. Nov. Begräbnisse: 905 – Pesttote: 652

von welcher Zeit an die Zahlen regelmäßig abnahmen, bis sie in der mit dem 5. Dezember endigenden Woche standen, wie folgt:

Begräbnisse 428, hiervon kamen auf die Pest 210.

Solche, welche die Stadt verlassen hatten, fingen nun wieder an, herbeizuströmen; die Laden wurden allmählich geöffnet und das geschäftige Treiben des Handels nahm wieder seinen Anfang. „Es ist nicht möglich", sagt Defoe, „die Veränderung zu beschreiben, welche sich selbst auf den Gesichtern der Leute zeigte, als Donnerstag Morgens die wöchentliche Liste herauskam. An ihren Zügen konnte man bemerken, daß eine geheime Verwunderung und ein freudiges Lächeln auf aller Gesichte thronte; solche, welche sonst kaum auf derselben Seite der Straße miteinander zu gehen pflegten, schüttelten sich jetzt die Hände in den Straßen. Wo die Straßen nicht zu breit waren, öffneten die Leute die Fenster, riefen von einem Haus nach dem anderen hinüber und fragten, wie es gehe und ob man die angenehme Kunde schon erfahren habe, daß die Pest bezwungen sei. Manche gaben Antwort und fragten: *Was gibt's Neues?* Und wenn sie zur Antwort erhielten, die Pest habe sich verloren und die Listen haben beinahe um 2.000 abgenommen, so riefen sie: *Gott sei gelobt!* weinten laut vor Freude und erzählten, daß sie nichts davon gehört; die Freude des Volkes war so groß, daß die Leute gleichsam aus dem Grab dem Leben wiedergegeben schienen. Ich könnte beinahe ebensoviele ungereimte Sachen niederschreiben, welche die Leute im Übermaß der Freude verübten, wie in ihrem äußersten Kummer, allein dies würde dem Wert Abbruch tun.“

Wenn man von dem 20. November 1664 an, wo zum erstenmal das Gerücht ging, daß die Pest in Drury Lane ausgebrochen sei, bis zum 19. Dezember 1665 rechnet, wo die Pest so abgenommen hatte, daß die wöchentlichen Todesfälle nur noch etwa 250 betrugen, so belief sich die ganze Zahl der während dieser zwölf Monate in der City von London durch die Pest hinweggrafften Opfer nach den offiziellen Berichten auf 68.596, nach der Berechnung Defoes und anderer aber auf wenigstens 100.000. Um einen möglich genauen Begriff von den Symptomen und der Art zu geben, wie die Leute befallen werden, fügen wir zum Schluß einige interessante Details aus einem handschriftlichen Bericht über die Pest bei, welcher in dem britischen Museum aufbewahrt wird und von Hrn. William Boghurst, einem praktischen Arzt in London, während der Unglücksperiode verfaßt wurde.

„In dem der Pest vorangehenden Sommer“, sagt er, „gab es eine solche Menge von Fliegen, daß diese die inneren Seiten der Häuser ganz überdeckten; hing irgendein Faden oder eine Schnur an einem Ort herab, so war diese augenblicklich dick mit Fliegen besetzt, gleich einer Zwiebelschnur; Schwärme von Ameisen bedeckten die Landstraßen, daß man auf einmal eine ganze Hand voll, geflügelte und kriechende, aufnehmen konnte; in den Gräben war eine solche Menge quakender Frösche, daß man sie hörte, ehe man sie sah. Die Pest wurde durch siebenmonatliches trockenes Wetter und durch Westwinde verkündet. Zuerst zeigte sie sich auf den höchsten Stellen, wie zu St. Giles und St. Martin, Westminster; später aber drang sie allmählich ein und schlich Holborn und den Strand hinab und sodann in die City; zuletzt kam sie an das östliche Ende der Vorstädte, so daß sie ein halbes Jahr an dem westlichen Ende war, ehe das östliche Ende und Stepney angesteckt wurden. Die Krankheit verbreitete sich im Anfang nicht durch Ansteckung, auch fing sie nicht an einem einzigen Ort an und griff dann immer weiter um sich, wie ein fressendes, offenes Geschwür an dem ganzen Körper, sondern gleich im Anfang fiel sie an mehreren Orten der City und der Vorstädte wie Regen ein. Beinahe alle, welche sich vor der Krankheit fürchteten, starben binnen zwei bis drei Tagen mit Pestflecken an dem Körper. Im Anfang bekamen die meisten die Krankheit durch Trinken, Übersättigen, Erhitzen und unordentliches Leben. Manche starben acht, zehn, zwölf oder zwanzig Tage nachdem sie erkrankt waren, der größere Teil aber starb vor fünf oder sechs Tagen. Im Sommer starb etwa die Hälfte der Erkrankten, gegen den Winter jedoch blieben drei Vierteile am Leben. Niemand starb plötzlich, wie vom Blitz oder Schlag getroffen. Ich sah keinen, der unter 20 bis 24 Stunden gestorben wären.[6] Flecken erschienen bis in die Mitte des Juni nicht viele und Pestbeulen zeigten sich erst gegen Ende Juli; sie ergriffen gewöhnlich alte, cholerische und melancholische Leute und waren meistens an trockenen, hageren Körpern sichtbar. Kinder bekamen keine. Wenn sehr heißes Wetter auf einen Regenschauer folgte, so nahm die Krankheit zu. Bei vielen kamen

---

[6] In diesem Punkt widersprechen sich Defoe und Boghurst offenbar, wahrscheinlich waren indessen Defoes plötzliche Todesfälle solche an Personen, welche einige Zeit krank waren, ohne daß sie es genau wußten.

nach einem heftigen Schweiß oder nachdem sie ein kräftiges Mittel genommen, sogleich die Pestflecken heraus, so daß jede Wärterin sagte: *Cochenille war sehr gut, um die Pestflecken herauszubringen.* Die Schriftsteller sprechen von verschiedenen Arten der Pest, von denen die eine nur Kinder, andere Mädchen, wieder andere junge Leute unter 30 Jahren bekommen; allein unsere Pest begriff alle Arten in sich. Doch befiel sie bis in die Mitte ihrer Dauer nicht häufig ältere Leute. Viele von den alten Leuten, welche die Pest hatten, waren gar nicht krank; diejenigen aber, welche krank waren, starben beinahe alle. Ich hatte einen Patienten von 86 Jahren. Obwohl alle Arten von Menschen in Masse starben, alte und junge, reiche und arme, gesunde und kränkliche, kräftige und schwächliche, Männer und Frauen von allen Konstitutionen und Temperamenten, aus allen Ständen und an allen Orten, von jeder Religion, Gute oder Schlechte – so starben, so weit ich beurteilen kann, doch mehr Gute als Schlechte, mehr Männer als Frauen, und mehr solche von dunkler Gesichtsfarbe als von heller. Schwärzliche Menschen von schwächlicher Konstitution wurden schwer von dieser Krankheit heimgesucht und alle, welche ich sah, starben binnen zwei bis drei Tagen, die meisten übersät mit schwarzen Flecken. Leute von gutem Aussehen und heiterer Laune bekamen die Krankheit am seltensten, und wenn dies der Fall war, so kamen sie am besten davon. In dem Jahr, in welchem die Pest so fürchterlich wütete, zeigte sich keine Veränderung, kein Wechsel in irgendeinem vegetabilischen oder animalischen Element, außer an dem Körper des Menschen. Alle anderen Dinge blieben gänzlich unverletzt; alle Arten von Früchten, von Wurzeln, Blumen und medizinische Heilpflanzen waren in so reichlichem Maß vorhanden, so groß, schön und gesund, das Getreide so üppig und gut als je. Kühe, Rindvieh, Pferde, Schafe, Schweine, Hunde, wilde und zahme Tiere waren alle so gesund, zur Arbeit kräftig und fraßen so lustig als je in einem Jahr. Hennen, Gänse, Tauben, Truthühner und alles wilde

Geflügel waren frei von der Ansteckung.[7] In dem Sommer, welcher auf die Pest folgte, zeigten sich sehr wenige Fliegen, Frösche und dergleichen Tiere. Es erhoben sich große Zweifel und viel wurde gestritten, ob die Pest ansteckend sei oder nicht, weil manche meinen, wenn sie ansteckend wäre, würde sie alle anstecken, wie das Feuer alles erwärmt, was demselben nahekommt; die Pest aber verschont ebensoviele, als sie hinwegrafft. Gemeiniglich kann jeder nach seiner eigenen Erfahrung urteilen, und wenn man hieraus einen Schluß ziehen kann, so habe ich Grund genug, sie für nicht ansteckend zu halten, da ich beständig durch eine Menge von Gefahren schritt, jeden Tag bis 10 Uhr nachts beschäftigt war, von einem Haus in das andere ging, Geschwüre verband, stets dem Atem der Kranken ausgesetzt war, ohne daß ich, durch Gottes

---

[7] In dieser Hinsicht scheint ein Unterschied stattgefunden zwischen der Pest in London und der Pest in Florenz in Jahre 1348, worüber uns Boccaccio sagt: „Die Menge des Peststoffes sei so ungeheuer gewesen, daß derselbe nicht nur von einem Menschen auf den anderen überging, sondern daß, was noch befremdender ist und oft bemerkt wurde, wenn etwas, das einem Angesteckten zugehörte, von einem anderen lebenden Geschöpf berührt wurde, es gewiß ansteckte und dieses Geschöpf sogar in kurzer Zeit tötete; einen derartigen Fall beobachtete ich genau; es wurden nämlich die Lumpen eines gerade gestorbenen armen Mannes auf die Straße geworfen, zwei Hunde, welche gerade dazu kamen, wühlten darin herum und schüttelten dieselben in dem Maul umher; nach weniger als einer halben Stunde kehrten sie sich um und verendeten auf der Stelle." Auch von der Pest in Athen sagt uns Thukydides, daß die Vögel und vierfüßigen Tiere, welche sich gewöhnlich von erbeutetem Menschenfleisch nähren, entweder sich den Leichnamen, von welchen viele unbegraben umherlagen, nicht mehr nahten oder, wenn sie davon fraßen, verendeten. Möglicherweise wollte indessen Herr Boghurst nicht leugnen, daß unter gewissen Umständen die Ansteckung von einem Kranken auf ein Tier übergehen könne, mit welchem er in Berührung käme, sondern er sagte nur, die Ansteckung habe sich unter den niedrigeren Geschöpfen nicht verbreitet.

Hilfe, die Krankheit selbst bekam; auch vielen Wärterinnen erging es so, welche sich in derselben Gefahr befanden. Dennoch halte ich die Pest für die alleransteckendste Krankheit."

Es ist sonderbar, allein die Zweifel, welche man im Jahre 1665 hinsichtlich der Ansteckung durch die Pest hegte, sind bis auf den heutigen Tag nicht gelöst; manche Forscher behaupten, die Krankheit teile sich durch Berührung, oder die Ansteckung in der Nähe des Kranken mit, während andere glauben, sie übe ihren Einfluß auf anderem Wege. Der Gegenstand dieses Streites ist von wenig praktischem Wert. Es ist genug, wenn man weiß, daß die Pest, wie ihre neuere Nachfolgerin, die Cholera, durch einen ungesunden Zustand der Atmosphäre befördert wird und eng mit vernachlässigter Reinlichkeit verbunden ist. In dem alten London, wie noch bis heute in den Städten des Orients, hatte sie Gelegenheit, in den engen Gäßchen und Höfen, oder überhaupt da zu wüten, wo Mangel an Luft und Überfluß an Wasser war. Man kann sagen, daß die große Feuersbrunst, welche zwölf Monate nach dem Verschwinden der Pest London im Jahre 1666 halb zerstörte, dieselbe vollends gänzlich aus der Hauptstadt verbannte; denn die City wurde mit Rücksicht auf die Gesundheit der Einwohner in einem freieren Stil wieder aufgebaut. Viel ist indessen noch zu tun übrig. Viele Durchfahrten sollten in dichtbevölkerter Nachbarschaft geöffnet, Straßen und Gäßchen erweitert, Schlachthäuser entfernt werden; außerdem sollten die Wohnungen für die unteren Klassen der Gesellschaft verbessert werden. Es ist erfreulich, wenn man hört, daß die Aufmerksamkeit ziemlich allgemein auf diesen wichtigen Gegenstand gerichtet ist, und daß zu Verbesserung des Gesundheitszustandes der Hauptstadt geeignete Vorkehrungen wahrscheinlich in Bälde zur Ausführung kommen sollen.

Tagebuch eines Geistlichen

während der Cholerapest zu Saratow an der Wolga, vom 6. bis 31. August 1830.

ES war der 6. August 1830, als ich in der Nacht um 10 Uhr von einer Amtsreise aus N. nach Hause kam. P. C. war bei mir und schlief, denn er wollte, ohne mich gesehen zu haben, den 7. des Morgens sehr früh seine Rückreise antreten. Meine Frau war noch wach, und C. stand wieder auf, um das Nötige mit mir zu besprechen.

Bald war die *Cholera morbus* der Gegenstand, der unsere Gemüter erfüllte, denn es war amtliche Nachricht eingelaufen, daß sie in Astrachan ausgebrochen sei, und schnell und heftig um sich greife. Es wurden Ärzte requiriert. Kaum war diese Nachricht eingegangen, so hieß es auch schon, die Krankheit nähere sich längs der Wolga von Süden her, wie sie voriges Jahr von Osten im Anzug war, mit Blitzesschnelle dem hiesigen Gouvernement, und habe einen sehr bösartigen Charakter. Ebenso schnell kamen Eilboten mit der Kunde, das Übel sei schon in Zaritzin und Dubowka ausgebrochen.

Ohne zu ahnen, daß auch uns der Todesengel so nahe sei, reisten der Vizegouverneur, der Medizinalinspektor, der Operator und der Spitalarzt dahin ab.

Aber schon am 6. abends hieß es: „auch hier sind drei Personen, auf der Wolga von Astrachan kommend, von der Krankheit befallen und in das Spital gebracht.

Am 7. August sollen alle diese gestorben, und sofort mehrere von der Krankheit befallen sein, und zwar tödlich, und so schnell endend, daß ein dumpfer Schreck alle Gemüter erfüllte, vorzüglich derer, die im 2. Stadtteil näher an der Wolga wohnten. – Doch schon Tages darauf ergriff das Übel auch einige Bewohner des 3. und 1. Stadtteiles, und das Spital, sagte man, sei so überfüllt mit

Kranken, daß man sie nicht mehr bergen könne, und alle sollen in sechs bis zwölf Stunden, an Erbrechen, Durchfall und Krämpfen blau werdend, ohne Rettung dahinsterben.

Das Übel kam so schnell und unerwartet, daß an keine Vorkehrungen auch nur noch gedacht war. Der stellvertretende Gouverneur und die meisten Ärzte waren abwesend, um dem Übel in der Ferne zu begegnen, und ihm den Eingang nach Saratow zu wehren, aber es war schon da, ehe noch irgendeine Anstalt getroffen war, und ehe man wußte, wie man ihm begegnen sollte. Man glaubte anfänglich weder an die Größe der Gefahr, noch an irgendeine Ansteckung, jetzt aber ist die Größe des Übels durch die Menge der Opfer bekannt, und alle Ärzte sagen: „Diese Krankheit hat doch etwas Ansteckendes, und ist nicht bloß epidemisch, sondern auch kontagiös, warum wären sonst so viele Dörfer an der Wolga frei, – während in ganz Saratow fast kein Individuum getroffen wird, das nicht über wenigstens etwas Choleraartiges an sich selbst zu klagen hätte?" – Was anfänglich immer vom gemeinen Volk erkrankte, ward Hals über Kopf ergriffen, und ins Spital geschleppt. Der Spitalarzt war abkommandiert, der Stellvertreter kannte das Lokal nicht, wußte zu wenig Bescheid, es fehlte an Raum, an Gehilfen, an Handlangern, selbst an zubereiteten Arzneimitteln für die schnell wachsende Zahl der Kranken; die Ärzte mochten wohl die Cholera im allgemeinen kennen, aber das hier herrschende Übel, die eigentliche Natur der hiesigen Krankheit und ihre Heilart mußte ihnen verborgen sein, denn was anderweitig die Cholera geheilt haben soll, half hier nicht! – Man ließ zur Ader, man gab *merc. dulc.* und *laud. liquid.*, es wurden Einreibungen aller Art verordnet und angewendet, und niemand entging anfänglich dem Tode! – Ich bin Augenzeuge gewesen, daß die verordneten Mittel zu rechter Zeit und pünktlich gebraucht wurden, dennoch ward, so zu reden, niemand gerettet, der von der ganzen Macht der Krankheit, so lange sie noch stieg, befallen wurde. – Als aber auch gleich in den ersten Tagen alle vier anwesenden Ärzte (zwei von diesen starben hier, andere zwei auf der Reise nach und in Zaritzin) von dem Übel befallen wurden, sich zur Ader ließen, von Krämpfen heimgesucht, vom Durchfall etc. geplagt wurden, und der eine, aller angewandten Mittel ungeachtet, sogleich starb, da ward Angst und Furcht und Schreck und Mutlosigkeit allgemein! Was aus der Stadt fliehen konnte, floh; und da man das Übel nicht für ansteckend hielt, ließ man, was fliehen wollte, ungehindert in alle Winde sich zerstreuen. Die meisten, nicht in Diensten stehenden Herrschaften zogen auf das Land, und fast alle Dienstboten und Gesellen, und Tagelöhner, und Arbeiter und andere nicht ansässige Russen, Deutsche, Tartaren etc. machten sich davon. – Wenn meine Gemeinde den 7. August 550 Individuen zählte, so verringerte sie sich bis zum 10. August gewiß um 150 Personen. – Denn da die Polizeiknechte die mündlich gegebene Instruktion buchstäblich, und roh genug befolgten, von Haus zu Haus herumgingen, nach Erkrankten fragten, die Kranken gemeiner Leute aufgriffen, und ins Spital hinschleppten, wo keine Hilfe, keine Pflege sein und wo alle sterben sollten, da trieb Furcht und Angst unsere Kolonisten aus der Stadt auf ihre Dörfer. Mehrere sollen auf dem Wege gestorben sein, und die Krankheit weiter verbreitet haben.

Vom 7. bis zum 20. August stieg die Krankheit unerhört schnell und heftig und immer tötend. Sie raffte anfangs täglich, sagt man, 260 Personen dahin. Und wie das Sterben zugenommen, so nahm es auch wieder ab. Bis zum 30. August sollen 2.170 Personen gestorben sein. Erst am 26. August atmete man wieder freier, und das wiedergekehrte Sicherheitsgefühl erheiterte die Gemüter. Doch auch heute, den 31. August, sind wir noch nicht ganz von diesem Todesengel befreit, doch ist er im Abzug.

Den ganzen Monat Juli und anfangs August war hier bei Tage eine fast unerträgliche, trockene Hitze und die Nächte im Freien sehr kühl; aber in den Häusern lagen wir auch bei der Nacht in einem unaufhörlichen Schwitzbad, bei Tag und Nacht floß der

Schweiß in Strömen, vom Durst wurde man unsäglich geplagt, gedrückt und ermattet. Gewitter hatten wir selten, und keine allerschütternden, der Regen blieb aus, und wenn er auch hier und da sparsam herunterlief, so leckte ihn die Glühsonne schnell wieder auf, und brannte die Erde aus. So vorbereitet, ich möchte sagen, empfänglich gemacht für das herrschende Übel, wurde die soge-nannte *Cholera morbus* von Schiffsarbeitern über die Kaspische See nach Astrachan, nach Zaritzin, nach Dubowka, nach Saratow gebracht. Ebensolche Schiffsarbeiter, deren zwei krank ausgesetzt wurden, brachten etwas später die Cholera in die unterste Kolonie der Bergseite an der Wolga, wo David Quint und einige andere daran starben; (ebenso wurde voriges Jahr, dessen Sommer doch regnerisch war, die Cholera aus der Bucharei nach Orenburg gebracht, – und sie soll nicht ansteckend sein?); wo sie aber, vielleicht weil die Kolonisten bessere Quarantänen schlossen, nicht weiter um sich griff. Auch sagt man, habe der Koloniearzt, auf Verlangen, in jener Gegend an 400 Kolonisten zur Ader gelassen. – Auch nach Wolsk, nach der Kosaken-Sloboda, Saratow gegenüber, und nach Lesnoy Karamisch soll durch angekommene Personen die Cholera hingebracht worden sein, – und sie wäre nicht an-steckend??

Zum Glück haben sich die Schreckensbotschaften von diesen Orten nicht in so hohem Grade bestätigt, und es sollen daselbst wenige, in Sarepta aber, wo die beste Quarantäne war, gar keiner gestorben sein. Jetzt hört man, soll die Cholera aufs neue in Orenburg ausgebrochen sein und sehr wüten, Gott gebe, daß die Nachrichten falsch sein mögen.

Nachdem ich den 6. August spät in der Nacht, in welcher ich mich etwas erkältet, und über das langsame Fahren abgeärgert hatte, mit einem mäßigen Durchfall nach Hause gekommen war, hatte ich bis zum 11. August in meiner Gemeinde noch keinen Kranken, aber es waren der Toten um uns herum schon eine

Menge begraben, und es wurden ihrer immer mehr, denn das Übel hatte sich schon in alle Gassen der Stadt verbreitet.

Am 10. August, den 10. Sonntag nach Trinitatis, predigte ich über das Evangelium: „Er sah die Stadt an, und weinte über sie" – und da die Not und Angst schon so groß war, so weinten auch wir, nicht nur über die Stadt, sondern auch über uns und unsere Kinder. – Darauf ermunterte ich die Gemeinde nach Anleitung des 91. Psalms zum Vertrauen auf Gott, und ermahnte dringend, die Angst und den Schrecken zu verbannen, und den Mut und die Glaubensfreudigkeit nicht sinken zu lassen, und wer zugegen war, fühlte sich gestärkt zu standhafter Erwartung der Dinge, die so unaufhaltsam im Anzug waren. Ich aber fühlte auch ganz von Stunde an das Gefahrvolle, aber auch das Heilige meines Berufs und meine ganze Seele betete in mir: „Gott! erhalte mich für meine Gemeinde und für die Meinigen! schonungslos will ich gerne mein Leben wagen um deinetwillen; erhalte und stärke mich!" denn mir schwebte Matth. 16, 25. recht lebendig und eingreifend vor Augen und im Herzen.

Am 11. August gegen Mittag wurde ich zuerst zu dem kranken Kirchenwächter gerufen, Durchfall und Erbrechen und schreckliche Krämpfe hatten ihn befallen. – Er empfing das Sterbesakrament und ich tröstete ihn, sprach ihm Mut ein, und hieß ihn, sich sogleich zur Ader zu lassen, riet ihm, sich tüchtig einzureiben und *Merc. dulc.* einzunehmen. Ich wußte aber auch, daß er sich durch Erkältung eine Entzündung zugezogen hatte. Nicht bei jedem und immer war dies der Fall, darum half auch ein Aderlaß und *Merc. dulc.* nicht allen und immer, – unser alter Wächter aber lebt noch. Darauf ward ich zu einer jungen schwangeren Frau gerufen; ich tat an ihr, was mein Amt erheischt, auch sie ward zur Ader gelassen, sie wurde tüchtig eingerieben etc., aber sie starb! Ganz ebenso die Frau des Herrn Wamsgang, ebenso die alte Meißnern, ebenso der junge robuste Postillon Knippel, ebenso die Frau des Hergut!

Nach 12 bis 24 Stunden starben alle diese; ich besuchte sie drei- bis viermal; alle hatten Erbrechen, Durchfall, fürchterliche Krämpfe; von Galle war nichts zu sehen; – Hände und Füße wurden kalt und blau, kalter Schweiß floß in Strömen, den Todesdruck fühlten sie alle in der Herzgrube; unleidlicher, mit nichts zu stillender Durst, der in Mund und Schlund brannte, verursachte unaussprechliches Schmerzgefühl! denn der Magen hatte nicht Bedürfnis des Getränks, daher wohl auch der Todes- druck in der Gegend der Herzgrube, indem das Herz ohnehin, so wie das sämtliche Gefäßsystem mit verdicktem Blut an- und überfüllt gewesen sein soll. So offenbarte sich hier die Krankheit allenthalben und anfänglich, bis zum 20. August, war sie bei fast allen schnell tötend; Knippel (und er war doch in Wahrheit ein derber Knippel) ward ins Spital gebracht und starb, nach einem Aderlaß, in wenigen Stunden; bei den anderen, wo mehr Fleiß angewendet worden, ward das Leben nur um einen halben oder ganzen Tag verlängert!

Es war der 12. August, als die obigen starben (nebst zwei Kindern von einem Jahr, an Krämpfen). Ich ging heute fast von Haus zu Haus, und besuchte Gesunde und Kranke, und sprach Trost und Mut und Vertrauen auf Gott ein, und ermahnte, daß man sich ja nicht durch Angst und Furcht selbst töten, und die Heiterkeit des Geistes verlorengehen lassen möchte etc. Einige waren aufs neue erkrankt, und das Übel griff immer weiter um sich.

13. August. Heute ward ich zu einem 18jährigen Kolonisten, dann zu dem Schmiedemeister Hartmann, dann zur Frau E. Flock, dann zu einer Dienstmagd gerufen. Sie empfingen alle das Sterbesakrament, und starben alle, bis auf die Dienstmagd, die noch lebt, weil sie minder heftig befallen war, und immer warm blieb. – Es war noch ziemlich früh und dunkel, als ich zu einigen dieser weitentlegenen Kranken gerufen wurde. – In der Nacht vorher müssen einige andere auf den Straßen von dem Übel befallen worden sein, denn ich sah, und trat auch ungesehen in den

Nebenstraßen an kleinen Häusern in Exkremente von unten und oben! Ich hatte Mühe, meine Natur zu bekämpfen! Gott! seufzte ich, hilf! Wozu Religion, wenn sie nicht alles besiegt und zur Pflichterfüllung begeistert, und Geist und Mut oben hält! So gestärkt trat ich in die Jammerhöhle, und die Frau des Hartmann lag auf der Erde im Stroh, er im Heu, und ihre Exkremente um sie herum! Mich befiel aufs neue Ekel, ich wußte nicht, wo ich meinen Fuß hinsetzen sollte, alles war besudelt, ich behielt das Abendmahlsgerät in den Händen, war in Todes- und Pestluft eingehüllt; meine Oberkleider hatte ich zwar im Vorderhaus abgeworfen, nachdem ich aber getan, was meines Amtes, mußte ich ins Freie, um meinen Ekel, Übelichkeiten und Aufstoßen zu bekämpfen! So was kehrte gar oft wieder; denn groß war Not und Angst und Armut bei gar vielen. Nach und nach wurde ich abgehärteter und mutiger.

Am 14. August besuchte ich mehrere Kranke, Furchtsame und Ängstliche. – Ergriff wohl auch einige mit Macht und Ernst am Arm und rief: „Auf mit Gott! Ihr habt die Krankheit nicht; warum wollt ihr euch vor der Zeit töten? Erhaltet euch euren Kindern und Familien! Auf mit Gott, ihr sollt leben und nicht sterben." So was half bei manchen. Aber ich habe mich auch oft böse geärgert! z. B. da kam zu N. der Nachbar links und sprach: „Ei, wie siehst du aus? Du hast die Krankheit, du stirbst" und der Nachbar rechts bekräftigte es, und spricht: „Ja du stirbst – laß den Pastor holen." Und der Pastor ward geholt; aber der Pastor wußte bereits, wer eine Beute des Todes war, und wer nicht; (was mit den furchtbaren Krämpfen gleich mit oder nach dem Erbrechen und Durchfall befallen, und an Händen und Füßen eiskalt und blau wurde, starb fast immer; wer aber heiß blieb, und warmen Schweiß in Strömen vergoß, starb selten, wenn er sich nur vor Erkältung und kaltem Trinken, Ärger und Angst und Furcht in acht nahm) und hier das letztere findend, ergriff er den Kranken und sprach: „Nein, Ihr werdet nicht sterben, Ihr habt gar nicht die Krankheit! Fort, ihr leidigen Tröster, wollt ihr Erschrockene töten? Ihr aber Freund, faßt Mut, Ihr braucht jetzt das heilige Abendmahl nicht; haltet Euch nur warm, trinkt nicht kalt, ängstet und ärgert Euch nicht, macht Euch etwas Bewegung, steht auf, und betet zu Gott um Heiterkeit, frohen Sinn und Mut. Jetzt muß ich zu einer anderen Kranken, die mich nötiger hat, bald komme ich wieder, laßt Euch von niemand erschrecken." Und ich kam wieder, fand den Mann besser, er lebt! – Heute hatte ich fünf Leichen einzeln in ihren Häusern eingesegnet, und fuhr dann, weil ich Zeit hatte, (denn am hellen Tage wurde ich selten zu Kranken gerufen) mit sämtlichen Leichen auf den Totenacker. Während unserem Zug begegneten uns und trafen wir über 60 Särge.

15. August. Von gestern auf heute in der Nacht, und bis wieder in und über die Mitternacht, wurde ich von Herrn v. Bergen, Böhm, Benig, Hese, Georg Hopp und Herrn Oberrichter v. Stutz und einigen anderen gerufen. Alle starben nach Verlauf von nicht 24 Stunden. Mit Herrn v. Stutz sprach ich noch heute Abend nach 6 Uhr. Er war sehr heiter, wie er denn seit acht Tagen sehr heiter und froh war, und sich in seinem Gemüt innig wohl befand; ich kam von Kranken und wollte zu Kranken, im Umblick sah ich ihn mit seinen Nichten am offenen Fenster sitzen; August Jac erzählte mir, er habe sich gegen die Seinigen in Hinsicht meiner geäußert: „Wie Huber so mager geworden ist, und doch ist er so frohen Muts etc.!" Ich erzählte von den vielen Kranken und von meinem fürchterlichen Durchfall etc. Er nahm wohlwollend einigen Anteil an meiner Lage; und als bei wachsender Laune die Querfrage scherzend getan wurde: wie oft ich denn laufen müßte? erwiderte ich: „so oft ich Zeit habe," denn buchstäblich heute von 7 bis 12 Uhr hatte ich Kranke zu besuchen, da hatte ich keine Zeit! Kaum aber war ich eine Stunde zu Hause, so war auch des Laufens kein Ende! Wir schieden heiter voneinander. Gegen 10 Uhr wurde er von Krämpfen, Erbrechen und Durchfall befallen. Es wurde nach einem Arzt geschickt, es war keiner zu haben, sie waren alle krank:

endlich kam so ein Stück von weiland Arztlehrling (derselbe, der später v. Krüdener auch ebenso behandelte), dieser hielt keine Aderlässe vonnöten; man konnte auch nicht einmal eines Aderlassers habhaft werden; und so erkaltete der Kranke immer mehr, und um 4 Uhr des Morgens am 16. August reichte ich ihm das Sterbesakrament. Um 9 Uhr besuchte ich ihn wieder; im Gemüt war er heiter, ruhig und in Gottes Willen ergeben; er drückte schwach, aber freundlich mit seiner eiskalten Hand die meinige. Um 11 Uhr war er Leiche und hinterließ sehr betrübte Anverwandte. Friede sei mit ihm! – Gleich nach Herrn v. Stutz gab ich der Frau Eb das Todesmahl; diese Frau hatte alles, was unsere häßliche Cholera mit sich bringt, aber sie war glühend heiß, schwitzte viel und ward besser; und lebt noch – ich sagte sogleich: „Nur brav gerieben, und im Schweiß erhalten, sie wird nicht sterben." Anders war es mit der Mutter Baronesse v. Hoym, sie war kalt und starb bald nach dem Genuß des Sakraments; übrigens zählte sie nahe an 80 Jahre. Nachdem ich an diesem Sonnabend noch einige begraben, und mehrere Kranke und Gesunde besucht und ihnen nach meiner Weise Trost und Mut eingesprochen hatte, wurde ich von mehreren angeredet, den 17. August das heilige Abendmahl in der Kirche zu halten.

Nachdem ich in der Nacht zu einigen Kranken gerufen, und bis gegen 10 Uhr mehrere auch ungerufen besucht hatte, fing ich den Sonntagsgottesdienst an, und verkündigte gleich anfangs: „Wer sich immer in dieser Todesschwangeren Zeit aufgeregt und freudig fühlt, den Tod desjenigen zu verkündigen, der Leben hat, der komme auch ungemeldet, und empfange Vergebung, Trost, Segen und alles, was uns der Gott der Liebe bereitet hat in Jesu Christo, seinem Sohn." Und so hielt ich die Vorbereitung und sprach die Absolution. Es kamen über 100. – Dies war ein wahres Todesmahl! Zur Demütigung und Beugung diente uns der 90. Psalm und des Tages Evangelium: „Gott, sei mir Sünder gnädig!" Aber zum Trost und Vertrauen wählte ich den 91. und 73. Psalm. Auch heute habe ich einige begraben, denn schon in den ersten 24 Stunden rochen unsere Leichen ganz furchtbar. An diesem Tag und in der Nacht wurden wieder mehrere krank, verlangten und erhielten das Sterbesakrament. Nur wenige von allen in diesen Tagen Erkrankten kamen mit dem Leben davon. Für mich aber - war den 17. abends Folgendes das Angreifendste: Ein gewisser Webermeister Hergut, dessen Frau und ein Kind, und später noch ein Kind ich beerdigte, dessen übrige drei Kinder aber alle an Erbrechen, Durchfall und Krämpfen darniederlagen, wollte heute mit der Gemeinde das heilige Abendmahl empfangen, mußte aber bei seinen Kindern zu Hause bleiben. Er kam nun auf den Abend zu mir ins Haus, wo ich ganz allein war; er äußerte sein Verlangen, das Sakrament zu genießen, denn es wäre ihm so, als wenn er sterben müsse. Anbei roch er wie eine Leiche. – „Gutes Herz", erwiderte ich, „wir sind jetzt ganz allein, und es ist so stille hier, ich habe auch ein Stündchen Zeit, und fühlt er sich aufgelegt, so reiche ich es ihm sogleich."

„Ach ja, wenn Sie wollen, es wäre mir sehr lieb!" Anbei war er äußerst bewegten Gemüts. Ich tröstete ihn, so gut ich konnte, nahm ihm die Beichte ab, und sprach die Absolution, reichte ihm dann nach gemütlicher Vorbereitung, denn ich war selbst sehr wehmütig und ergriffen, das Sakrament. Kaum hatte ich aber den Segen über ihn gesprochen, so entfernte er sich schnell aus der helldunklen Gaststube, kam aber nur bis in den Saal, und erbrach sich sogleich ganz furchtbar (so fing hier oft die Krankheit an und nach wenigen Stunden folgte der Tod) und der Geruch war ebenso arg, als mein Schreck und der mich überraschende Ekel groß war. Doch fühlte ich die Angst des Mannes, der Gott und mich beleidigt zu haben wähnte, mehr als mich selbst, bekämpfte und überwand meinen Ekel, tröstete den höchst verlegenen Mann, den es auch ängstete, das heilige Abendmahl ausgebrochen zu haben; aber mein Trost wollte nicht haften, und er erbrach sich in der Vorderstube zum zweiten, dann in der Haustür zum drittenmale fürchterlich. Endlich hatte ich mit Gott mich völlig wieder gesammelt und ermannt, und sprach nun mit Wehmut, Liebe und Macht: „Lieber, lieber Mann! Es ist Krankheit, er hat keine Schuld, ängstige er sich nicht, auch nicht des Abendmahles wegen; das Sakrament ist ja nicht für den Magen oder Bauch eingesetzt, es ist für den Geist, und sein Geist hat es empfangen und behalten. Sein Leib aber hat nur Brot und Wein ausgebrochen, und vor Gott ist Brot, und Milch, und Mehl, und Fleisch, und Wasser, und Wein, alles, alles einerlei – und er ist in allem ohne Schuld, und wo keine Schuld ist und kein böser Wille, da ist auch überall keine Sünde; darüber ängstige er sich nur nicht; gehe er nach Hause, und lege er sich, es wird ihm besser werden." Der Trost schien zu haften, und der Mann ging nach Hause und ihm ist besser geworden, und er lebt noch. Ich aber mußte doch reinigen, räuchern und lüften lassen, und das Freie suchen, mir Luft machen, und mir Heiterkeit und Ruhe erbeten; doch blieb es bei einmaligem Erbrechen und so ward mir wieder wohl, und mein Geist ermannte sich wieder! Wie jetzt, so kam gar oft in diesen Schreckenstagen meine Hilfe von dem, zu dessen Bergen ich meine Augen erhob, und der Himmel und Erde und den Menschen gemacht hat!

18. August. Nachdem ich in der Nacht zu einigen Kranken geholt worden und auch am Tage einige, nebst Gesunden und Furchtsamen, besucht hatte, beerdigte ich die Leiche des Herrn v. Stutz, der Barone Hoym, und noch einiger anderer, die ich nicht auf den Gottesacker begleiten, nur in ihren Häusern einsegnen konnte. Hernach besuchte ich den guten J. K. Lindegrün, dem ich schon früher das Abendmahl gereicht hatte; ach! er war ein Kandidat des Todes, aber heiter und ruhig war er; in seiner Seele war Friede mit Gott, und sein Geist war ergeben in den Willen des Herrn. Er ahnte seinen Tod, und ließ ihn sich nicht ausreden, und endete Tages darauf selig sein Leben, ohne zu wissen, daß sein Freund v. Stutz früher und Herr v. Krüdner in einer Stunde mit ihm vollendet hatte! Auch mein Küster und Vorsänger erkrankte.

Ich wurde diese Nacht zu einigen Sterbenden geholt, der Todesengel stand auf seiner höchsten Stufe der Gewalt!

19. August. Heute ging ich früh aus zum Besuch einiger Kranken; gegen 9 Uhr wollte ich, wie ich meiner Frau kundgetan, bei Freund Lindegrün mich einfinden; dicht neben ihm wohnte Herr v. K. Auf dem Wege dahin begegnete mir in vollem Galopp ein Pferd mit einer Droschke, dieselbe kam mir nach, als ich bei Lindegrün eingetreten war, und man ihn mir schon als eine Leiche angekündigt hatte. – In diesem Augenblick forderte man mich zu v. K., um ihm das heilige Abendmahl zu reichen; meine Frau hatte dem Bedienten das Abendmahlsgerät schon mitgegeben, als ich aber eintrat, vernahm ich schon der Kinder Wehklage, und das Geschrei der verzweiflungsvollen Gattin und Mutter! Da lag der Mann, der vermöge seiner Instruktion, die er zu haben und buchstäblich zu erfüllen behauptete, so viel Rumor auf den Kolonien erweckte, da lag er tot auf einem Bett, das ihm auf der Diele (die Angst trieb fast alle Kranken aus der Bettstelle) bereitet war. – Die Augen waren von den Krämpfen verzogen, und der ganze Leichnam, obwohl eben verschieden, kalt und ins Bläuliche schimmernd, wie alle Leichen in dieser verhängnisvollen Zeit. – Gestern war er noch munter und gesund und heute, auf eben die Art, wie tausend andere zum Teil feste und robuste Männer tot. Seine Frau lag quer neben und an ihm, und rief trostlos und verzweiflungsvoll den Verstorbenen beim Namen: „Peter Petruscha!" Den ersten Erguß der armen bedauerlichen Frau hatte ich in gebrochenem Deutsch anzuhören: „In einem fremden Land, fern von allen Bekannten, ohne Brot, ohne Geld, kein Freund, lauter Feinde! O Peter Petruscha, ich will, ich muß mit dir sterben!! Ich" – fuhr sie zu mir fort, und sie wiederholte es später vor J. Klimer, Clausec. – „ich habe den Schaum von seinem Mund geleckt, ich will mit ihm sterben. Man hat meinen Mann umgebracht; der Arzt (es war kein Arzt; alle Ärzte waren entfernt, gestorben oder krank, kein ordentlicher Arzt war zu haben. – Es war derselbe, der auch bei

Herrn v. Stutz keine Aderlässe vonnöten hielt, und mit seinem unschuldigen Tränkchen und grauen Pülverchen helfen wollte, aber wie ich bei mehreren meiner Kranken, die dasselbe brauchten, ersehen – niemanden half, der, wie von Stutz und v. K., von der ganzen Macht der Krankheit befallen war) der N. hat meinen Mann umgebracht, er war – erkauft!!!" Einer Frau in solcher Lage ist nichts zu verargen! Aber Tausende starben an derselben Krankheit! Wer immer von ihrer ganzen Gewalt mit Erbrechen, Durchfall und den fürchterlichen, schnell tötenden Krämpfen befallen ward, der wurde auch von keinem Arzt gerettet. Und nach allem, was ich bisher über die Cholera las, ist die hier wütende Krankheit nicht wie die sogenannte Cholera zu heilen. – Vielen ließ man zur rechten Zeit zur Ader, sie nahmen *laud. liq. quantum satis*, sie bekamen *merc. dulc.*, sie hatten die gehörige Pflege, wurden von fünf Personen laut Vorschrift „mächtig eingerieben" und starben dennoch.

Wer vor dem 20. August, so lange war das Übel im Steigen, befallen ward, kalt wurde und kalten Schweiß schwitzte, der starb; nichts, und niemand, rettete da vom Tode! Als aber späterhin die Anfälle lange nicht so heftig waren, da mag dieses oder jenes, oder auch all das Genannte geholfen haben; aber auch manche brauchten da fast gar nichts, als Schwitzbäder und Einreibungen, und gesundeten alle. Auch A. W. hatte einen Anfall, ihm halfen ohne Aderlässe 30 Tropfen *laud. liquid.* Aber N. gab man 40 Tropfen und er starb! Wahrlich man muß über die Natur der hiesigen Krankheit und über ihre Heilart reiflicher nachdenken und ernstlichere, zweckmäßigere Vorkehrungen treffen, denn ansteckend, auf welche Art weiß ich nicht, ist sie gewiß.

Also auch v. K. starb, und gerade er, der korpulente Mann, mußte vor 100 anderen dem Übel unterliegen! Übrigens kam mir dieser Mann und seine arme Frau Tag und Nacht nicht mehr aus dem Gemüte! Diese Szene schreckte mich aus dem Schlaf auf.

Vom 19. August an wurde ich von Stunde zu Stunde matter und zuletzt so, daß ich mich kaum mehr auf den Beinen erhalten konnte. Mein Durchfall raubte mir allen Lebenssaft. Hierzu kamen noch die furchtbarsten Träume, in welchen mir so viele liebe Freunde und Sterbende in krampfhaften Zuckungen mit offenem Mund und kalter, blauer Farbe verschwankten, und mir das Nachtlager zur wahren Folterbank machten. Ach! wäre es doch immer Tag! seufzete ich oft!

Am 20. August. Heute mußte ich schon v. K. beerdigen, obschon sein Begräbnis um einen Tag später bestimmt war, denn er ging schon über. Als ich bis spät Abends mehrere Kranke besucht, noch einige Leichen eingesegnet und einige Gesunde ermuntert hatte, bekam ich gegen 9 Uhr ein ungewöhnliches und heftiges Zucken und Spannen und Drücken, in Händen und Füßen, und Zehen, und Fingern, und Beinen, und Waden und Schenkeln; und alles konzentrierte sich in der Herzgrube! Mir war zu Mute, wie einem, der Mord und Todschlag begangen hat, und zum Hochgericht geführt werden soll. Höllenangst stieg mir mit Todesschweiß von den Fingern durch die Arme, und von den Zehen durch Beine und Waden und Schenkel, bis in die Herzgrube, gerade dahin, wo mir die Sterbenden so oft klagten: „Hier, hier sitzt der Tod!" Doch vom Tode ahnte mir rein gar nichts, und zum Sterben fühlte ich mich noch viel zu kräftig. Ich legte mich, rieb mich, und ließ mich salben und reiben. Mir ward unsäglich heiß, ich schwitzte wie im Glühofen, und doch hatte ich Bedürfnis, mich mit einer Decke nach der anderen zudecken zu lassen, und als meine Frau noch obenauf den Pelz legte, so sagte ich bald: „Nun gut, jetzt bin ich musterhaft zugedeckt, aber doch gerade recht, nicht zu viel und nicht zu wenig." Nach 1½ Stunden ließ der Schweiß nach, dem Körper wurde wieder wohl und leicht ohne Schwäche; Mut und Geist stärkte und erheiterte sich und ich fing bald an zu scherzen.

„Ach! wenn es nur Tag wäre!"

„Warum?" fragte meine Frau.

„Ich würde mich sogleich abtrocknen, aufstehen, mich anziehen und mir im Freien, besseren Mut er- und alle Grillen verlaufen." – Indem ich noch so redete, klopfte es, und ich wurde zu einer armen Kranken, deren Sohn bereits Leiche war, gerufen. „Nun ich habe am Tage hinauswollen, und Gott ruft mich in der Nacht; es sei!" Ich trocknete mich vorsichtig ab, zog mich sehr warm an, ging, kam in ein heißes Stübchen, schwitzte aufs neue tüchtig; tat mit herzlicher Teilnahme, was meines Amtes war; hüllte mich drauf wieder warm ein, kam nach Hause, legte mich, und schlief zwei Stunden so ruhig wie ein Kind. Mein Körper war eher stark als schwach, und mein Geist unendlich froh. Triumph! Victoria der Heiligkeit meines Berufs, rief ich in meiner Seele, mit innigem Dank gegen Gott für diese Stärkung. Und auch Dank sei Gott für ein Weib, das mir nie etwas vorwimmert, nur in der Stille duldet und hofft und glaubt. Bald darauf wurde ich wieder abgerufen; ich trank einige Tassen heißen Kräutertee, nahm sechs Tropfen Pfefferminzöl; dieses wiederholte ich am Tag einigemal, und mein Durchfall verlor sich, den ich vorher weder durch Kohlenstaub, noch durch *laud. liq.*, noch durch roten Gewürzwein bändigen konnte. – Auch legte ich Senfpflaster auf die Waden, um den Krämpfen vorzubeugen, und da diese Pflaster etwas zu lange liegen blieben, zogen sie Blasen, und so hatte ich ganz natürliche Fontanellen, die bis heute (31. Aug.) noch nicht ganz heil waren. Ein ganz ähnlicher Anfall kam nach einigen Tagen wieder; aber schwächer, und ich wurde auch mehr abgehärtet, konnte mich schneller raffen, fühlte mich bald von innen und außen gestärkt, ermutigt, froh und heiter! Ja, auch Pestilenz und Todesschauer haben ihre Seligkeiten, und wie demütig, gebeugt und wehmütig wird das sonst so kühne und trotzige Menschenherz, wenn Gottes Drohen, aber auch sein Erbarmen und sein Friede hinzukommt. Es ist einem so ganz aus der Seele gesprochen, was dort Jacob spricht: „Herr, ich bin nicht wert so vieler Barmherzigkeit!" Fürwahr, ich habe bei allem Leid, bei aller Last und Mühe in diesen Trübsalstagen unendlich selige Stunden verlebt, die Hilfe des Herrn und Seinen Frieden erfahren, und tröstend Seine Macht empfunden.

21. August. v. K.s Leiche mußte ich selbst auf Verlangen der Witwe schon gestern beerdigen, denn sie roch ganz furchtbar und fiel den Trägern beschwerlicher, als jede andere Leiche, die länger lag. Den mit v. K. in einer Minute verstorbenen Vater Lindegrün legte ich erst heute mit seinem 11jährigen Sohne Nicolai in ein und dasselbe Grab. Außerdem hatte ich noch viele früher Erkrankte zu besuchen, doch nahm zu meinem großen Trost und zu innig wohltuender Freude die Zahl der neu Erkrankenden in meiner Gemeinde sehr ab. Und so konnte ich desto öfter Gesunde und ältere Kranke besuchen; woran ich es denn, da es mir bereits zum Bedürfnis geworden war, auch nicht fehlen ließ. Heute starb auch mein zweiter Vorsänger, der ehrliche Joh. Kayser – und auch mein dritter war ernstlich erkrankt, doch hat sich dieser wieder erholt und mich auf den 4. September zur Taufe seines Kindes gebeten.

22. August. Heute starben in meiner Gemeinde nur zwei Personen, worunter ein Kind von zwei Tagen, welches mir besonders merkwürdig ist; denn es hat sicher seine Mutter, meine Freundin, vom Tode errettet; die Mutter hatte fürchterlichen Durchfall, und gar manches andere von der hier herrschenden garstigen Krankheit, besonders auch einen erschrecklichen Durst, da denn, wie bei mir, der Durchfall durch das häufige Trinken immer heftiger wurde. – Am Tage seiner Geburt kam ich früh des Morgens zu der Kranken, sie lag, aller ihrer Übel los, munter im Bett, und der Neugeborene neben ihr. Die Hebamme aber meinte, das Kindlein würde sterben. „Was hindert also", sagte ich, „die Taufe?" Ich nahm Wasser und sprach: „Carl Theodor (Loretz) ich taufe dich – mit der Taufe Jesu Christi und in seinen Tod, im Namen des Vaters etc."– und so weihte ich das Kind seinem Gott und dem gewissen Tode. Zur Mutter aber sprach ich: „Wenn Gott ein Opfer von Ihnen haben will, so ist dieses das leichteste." Und die Mutter lebt, aber das Kind starb, und ward blau wie alle, die an dieser

Krankheit starben. – Heute wurde auch die Frau unseres Wahl beerdigt, auch eines seiner Kinder starb bald darauf.

23. August. Einige wurden beerdigt (worunter auch die Mutter unseres Knobloch, dessen zweiter Bruder etwas früher gestorben) und einige starben, worunter auch Dr. Friedrich Meyer, der an diesem Tage in Zaritzin vollendete. Wenige sind so allgemein bedauert und betrauert worden, wie dieser junge Mann! Er war ein guter Mensch, ein guter, verschwiegener, treuer, uneigennütziger, dienstfertiger Arzt, und hatte die Hochachtung aller seiner Mitbürger, und die Liebe seiner Bekannten und Freunde. Er hat vollendet in der Schwere und Heiligkeit seines Berufs! Wider Willen von seinem Posten abkommandiert, stieg er blaß auf den Reisewagen, und die Abschiedsworte an seine bange und ahnende Mutter waren: „Wenn man genug gelebt hat, so legt man sich hin und stirbt." Der mir sehr lieb gewordene edle Mensch hat nun vollendet! Sanfte Ruhe ihm im Grab, und Friede und Lohn in einer besseren Welt!

24. August. Heute wieder einige Beerdigungen, aber keine neue Leichen und keine neu Erkrankte. Gott lob! Der Todesengel ist im Abzug! Alles erholt sich, alles atmet freier! Heute hatte ich auf Verlangen wieder öffentliches Abendmahl, es gingen über 70 Personen. Aber o wie viele – in Trauerfarbe gehüllt – beweinten ihre lieben, vom Todesengel dahin Grafften! Doch scheint ihm der Herr des Lebens Stillstand geboten zu haben! –

Vom 25. bis 31. August sind zwar noch einige gestorben, und einige erkrankt; aber nicht mehr so heftig, die meisten erholten sich wieder. Ein Knabe von 16 Jahren, der seit 14 Tagen krank war, starb den 30. August; auch starben ein früher erkranktes Mädchen von acht Jahren den 1. September, und noch eins von zwei Jahren am 4. September – und so hätte ich im ganzen 35 Leichen beerdigt, worunter nur zwei oder drei nicht an unserer sogenannten Cholera starben. Noch 15 liegen krank, doch alle in der Besserung. Am Sonntag den 30. August dankte ich öffentlich Gott, wie man dankt am Ende einer großen Not und Angst, und Schreckens und kummervollen Zeit! Ja, es war eine angst- und schreckensvolle Zeit, die erlebt und durchgearbeitet und durchgeseufzt und durchgebetet zu haben mich nicht gereut, die aber wieder erleben – ich nicht möchte.

Meine Lebensweise in dieser Zeit war: gekleidet wie im kalten Winter; ich fuhr selten, sondern lief zu den Kranken, um mich immer im Schweiß zu erhalten und mich weniger zu erkälten. Des Morgens oder in der Nacht, wenn ich ausging, wusch ich mich mit Essig etc., trank ein bitteres Schälchen oder heißen Tee mit Wein; nahm einen Teer- oder Essiglappen vor Mund und Nase. Appetit hatte ich gar keinen, aß oder trank darum nur Fleischsuppen aller Art, trank nur weißen und roten Wein oder heißen Tee, aller Art, mit Wein oder ohne. etc.

———————

Zu dieser Ausgabe.

Der Text dieses Buches beruht auf den beiden Ausgaben:

Die große Pest in London.
Aus dem Englischen von Theodor Roth.
Stuttgart, 1848.

Und:

Tagebuch eines Geistlichen während der Cholera-Pest zu Saratow
an der Wolga, vom 6. bis 31. August 1830.
Erlangen 1831.

Der Text wurde in die traditionelle deutsche Rechtschreibung übertragen und zum besseren Verständnis für den heutigen Leser schonend bearbeitet, sowie noch einige ergänzende Fußnoten hinzugefügt.